杨式太极拳技击与哲理

袁镇澜　著

人民体育出版社

作者简介

袁镇澜，1949年出生，浙江省温州市人。温州大学教授、硕士生导师。曾任中国武术科研委员会常务理事、温州市武术协会主席、温州大学武术研究所所长，以及温州市第七、八、九届政协常委。享受国务院“政府特殊津贴”，获“中国体育荣誉奖章”。曾多次担任全国武术散打比赛裁判长、仲裁，多次到国外传授武术或参加武术文化交流活动。

作者自幼喜爱武术，童年随钱建军老师学习武术。1964年进浙江省体工大队武术队当运动员，1973年担任温州市少体校武术教练，1985年随温敬铭、刘玉华、江百龙等教授攻读硕士研究生，1988年毕业获硕士学位。1992年到日本天理大学留学，在中川敬、山本义泰等教授的指导下学习日本武道技术与理论，并进行中日武术比较研究。回国后，组建浙江省体工大队散手队，参加第7届、第8届全运会散打比赛。多年来培养出尹进飞、陈立人、李晓秋、尤邦孟、卢秀栋、陈养胜等知名运动员。

五十年来一直从事武术训练、教学与理论研究，成果丰厚。研究的重点是探索武术的“技击”与“哲理”、中日武术的异同、武术在现代社会中生存与传播等课题。

前 言

光阴荏苒，六十多年前，还在童稚时的我就开始跟随钱建军老师习武。1964年浙江省组建武术队，备战第2届全国运动会比赛，我有幸被选中，后因生病而退队，但我的习武热情丝毫不减。1973年，我担任温州市少体校武术专职教练，一边教小孩习武，一边学习武术理论。后来考上武汉体育学院的研究生，跟随温敬铭、刘玉华、江百龙等老师，承蒙诸位老师栽培，使我在武术技能与理论方面都得到了深造。

1992年我去日本留学一年，得到中川敬、山本义泰两位教授的教诲，了解了日本武道。从此对中日两国武术进行研究、比较，取他山之石。回国后，深切感悟：中国武术必须大刀阔斧地进行改革，因为中国社会已经由农业社会大踏步向工业化社会转型，武术不改造必然会退出历史舞台。

武术的技术特征表现在两个方面，即技击实用与套路演练。近七十年来，国家对武术投入大批人力与大量资金，本来可以像日本柔道、韩国跆拳道一样，成为奥林匹克运动项目，遗憾的是我们没有进入，原因是“路”走错了，错在“打、练分家”。从1957年始，武术套路运动向唯美、唯难度的方向发展；1979年开始了散打运动，本是一个极好机会，然而没有深层次理论作指导，结果

"路"又走错了。在竞赛的指挥棒下，散打很快地向击准、击重、击狠的方向发展。如今，专业队套路运动员不知道技击，散打运动员不会套路演练。套路与散打，是武术技能的"车"之两轮，套路是武术文化的载体，它寄托着武术人的理想与信念，武术一旦缺失它，就与拳击、摔跤一样只剩下实用的一面，由"道"沦落为"术"；反之，武术套路失去了实战和技击，则掉了"魂"。

武术还有对人的教育作用，主要是武术承载着中华文化思想，如太极拳，其背后就有深刻的哲理作基础。

当前，练习太极拳的人多达数百万，但真正在技击与哲理方面有追求的人寥寥无几，而配伴音乐练习动作的人却很多。虽然许多人认为只要能够锻炼身体就可以，但从发展来看是很危险的，只有外壳的太极拳最终会空洞化，成为舞蹈或体操。因此，须把动作的技击意义作为太极拳教学的重要科目；同时联系"太极哲理"教学，使学练者从中领悟人生、人性方面的哲理。本书借助杨式太极拳的套路动作为模型，叙述太极拳的"技击与哲理"。全书分上下篇，上篇将套路的四十个动作，一一进行诠释解说；下篇选用四十则"哲理"，对太极拳的哲学理论，技术原理以及与太极有关的国学进行阐释。

在太极拳技击上，突出以柔克刚、能量有限、只求不败三个理念：

以柔克刚　太极拳是内家拳，它的技击应该是以柔克刚、以轻制重、以静制动。如果违背这些原则，那么就是外家拳了。技击就是你死我活的生死格斗，本来就是出手凶猛、击中要害，用准、重、狠、快的技术极早置对方于死地。所以真实战必定是外家显胜，而凶猛的技术一到和平时期，就不被普通人所接受了，因为人的内心总是以善良为本，对于残暴行为一般都会反感。另外，技击以准、重、快、狠取胜本是常理，从动物世界中也可见，虎狼与牛羊、鹰隼与小鸟，都是弱肉强食。战斗的武术自然是强壮凶猛者的事情，而柔和的太极拳技术却非常适合中老年人的身体状况，因为年过半百，体力衰退，已经快不起来也猛不起来，而追求以柔克刚恰恰是这一人群的期望，而且还有可能在一对一的战斗中获得胜利。以柔克刚的关键是技术上的高度准确，如庄子在《疱丁解牛》中说的“游刃有余”，精确无比。太极拳的高手，就是在手腕、手指上将全身劲力运用出来，不与对手正面交锋，而是在迂回中将对手制服。当然，以柔克刚是难度很大的精细活。没有高明的导师、没有下多年的苦功、没有聪明智慧的头脑是很难掌握的，但它确实是太极拳的技术标杆。

能量有限　以柔克刚是极高明的运用技术，一般人只能观赏、推崇、痴迷而不易掌握。即使是能运用深奥的太极拳技击，也是有一定条件要求的。一是需要具备较好的身体素质。以往的太极武术天才，在年迈之前能使出美妙的技术招法，对手也都是有所选择性的。而到年老时，由于体能衰弱、连走路都成问题时，这种技术自然也就没有办法再呈现。二是遇到真正的打斗场合，或是多人来袭，是没法使用此技术的；还有，对手身高马大、力气十足，又懂得各种实战，恐怕也很难使用。所以，心中要明白以柔克刚是太极技术唯一的目标，但它是极有限的技艺，在一定的范围内使用可能会是成功的，而绝不是百战百胜的技艺。作为方法，以柔克刚，自然是高明无比，因为可以使对手心服口服、让周边观摩的人佩服

不已；更重要的是它使残暴的战斗变成善良的制服，使战斗成为了"艺术"。懂得"以柔克刚"的价值、用途及有限的道理，我们在学习太极拳中就能做到一方面重视技击（因太极技术一旦失去技击就会变为舞蹈或体操），另一方面懂得以柔克刚的技术不是万能的，在真正的格斗中其使用范围也是极有限的。

只求不败　既得艺，必试敌。学了武术总想与人比试，比试胜了兴高采烈，输了则心中不悦。求输赢是普通人的本性，也无可厚非。学习太极拳后，与人交手如只想求胜，那就与"太极"的宗旨相违背了。太极求和、求阴阳平衡，在与人交手中，只求不败，即使我方胜利也应该使失败者心中不难过，不失尊严。和，是太极的宗旨。如果遇到非要置我于死地的对手，我也是抱着"只求不败"的心，能够保存自己不倒，并能与对手继续相持，时间一久，形势自然会起变化的，到那时再引导对手与自己成为拳友。求胜的最终结果只能是孤家寡人，因为对手都被淘汰了，而只求不败，在理论上是任何人都能够做到的。在只求不败的过程中，不仅培养了人的顽强意志和善良品行，而且学会了战斗的技能，锻炼了人在艰难中拼搏的能力，使人坚强聪慧、豁达正直。

在太极哲理上，突出生命周期、平衡阴阳、积极向上三个理念。

生命周期　"无极而太极"是太极哲学的一个重要概念。太极是一个圆圈，象征着人的生命周期。从最下方的点开始上行，到最上方的点，是半个圆周，此点为生命的中点，然后继续下行，喻为后半生，行至最下方的原点，是死亡之时。一个生命之圈就是每人从生到死的路程，长者百岁，短者几时。学习太极哲理可以知道人生在哪个时段应该做哪些事情，比如在20岁之前，要学习生存的本领与知识；40岁之前要奋斗、谋生，并追求荣誉与地位；到60岁要知道如何度过晚年。孔子说三十而立，四十而不惑，五十知天命，也就是这个意思。掌握这一个道理，我们就会使自己的生命质量提高，让每一分钟、每一天都充实、有意义。还可以在人生路上遇到大灾难、直至生命大限到来之时，以平静的心态接受严酷的事实，而不带半点的烦恼与怨恨。

平衡阴阳 “动静阴阳，互为其根”。太极是由阴阳构成，阴与阳是互相依存、互相抗争的，失去一方，另一方也就自动消失。生命的每一秒钟都是阴阳相济中度过。人在愉快时，阴阳平衡；烦恼、痛苦、悲怆时则阴阳失调。宋代大儒张载在《正蒙·太和篇》中曰：“有象斯有对，对必反其为；有反斯有仇，仇必和而解。”世界上任何事物，只要存在，必然是阴阳两极对立、抗争，而统一、和谐只是暂时的。出现最好的状态就是阴阳平衡，阴阳失去平衡就发生对抗，对抗结果又达到统一，太极回归完美。如阴阳中的一方越来越强，另一方则越来越弱；如一方被灭亡，另一方也随即消失，此太极也就不复存在了。太极拳对阴阳平衡非常重视，采用柔和、连绵、圆融的方法与动作使阴阳达到最佳的平衡。因此，人在练习太极拳的过程中会得到身心愉快的体验。

积极向上 人的生命，从出生到死亡是由肉体承担的，是柔弱、成长、强壮、老化，最后到“僵硬”的过程。地球上所有的动物或植物都一样，是个体生命的自然规律。但人有思想、精神，从幼儿的无知到有知，进而有思想、希望、计划甚至信仰，并伴随着成年与学习不断地增长着，其中，人的精神是最重要的，做大事业、大学问者首先需要伟大的精神。精神就是太极拳中所谓的“精气神”，根据太极、阴阳的原理，通过拳法练习与传统文化思想的熏陶和感染，使人身体健康，知识丰富，对宇宙人生的意义有了充分的了解，懂得人生的精神是至高无上的。人有“精、气、神”，就能保持积极向上的意愿，每天把握时间用于学习、思考，不断提升自己的内涵、提高觉悟，直到生命尽头内心仍然非常充实。

在中国的寺庙中，人们敬佛时都要烧香。人生就像一炷“香”，木质部分是身体，上升的青烟是精神，随着年华逝去，木质在燃烧中渐渐化为灰尘，而青烟冉冉升起、升起，永向天空。肉体生命有限，但精神总是向上的。

目 录

上篇 太极拳技击四十招

一、四十招动作之名称 / 2

二、四十招动作之图解 / 3

下篇 太极拳哲理四十则

一 、太极哲学 / 91

（一）太极是理 / 91

（二）太极是气 / 95

（三）“养气”治病 / 97

（四）“养气”修身 / 99

（五）太极哲学的形成 /101

（六）宋明理学 /107

（七）《太极图说》 /111

（八）“太极”之今用 /116

二、太极技理 /120

（一）《王宗岳太极拳论》 /120

（二）《武禹襄太极拳解》 /130

（三）《行气玉佩铭》 /134

（四）太极拳技术三个部分 /138

（五）推手是艺术 /141

（六）推手不可比赛 /143

（七）危险性、杀伤性、无限制性 /145

（八）艺术与残酷 /148

（九）守中、用势、择时 /150

（十）诱、逼、慑、忍 /152

（十一）重手与轻手 /153

（十二）开合虚实 /155

（十三）静散通空 /157

（十四）不丢不顶 / 159

（十五）现代太极拳的知识结构 / 161

三、太极与国学 / 163

（一）《纪效新书》 / 164

（二）《手臂录》 / 176

（三）《孙子兵法》 / 183

（四）《老子》 / 188

（五）《易经》 / 198

（六）《中庸》 / 204

（七）《大学》 / 208

（八）《论语》 / 212

（九）《孟子》 / 224

（十）周敦颐语录 / 233

（十一）张载语录 / 239

（十二）朱熹语录 / 243

（十三）王阳明语录 / 247

（十四）曾国藩语录 / 251

（十五）王国维语录 / 255

（十六）《心经》 / 258

（十七）《十牛图》 / 263

后　记 / 276

「上篇」

太极拳技击四十招

一、四十招动作之名称

预备势

第一段

第一式　起势

第二式　揽雀尾

第三式　单鞭

第四式　提手上势

第五式　白鹤亮翅

第六式　搂膝拗步

第七式　手挥琵琶

第八式　搬拦捶

第九式　如封似闭

第二段

第十式　斜飞势

第十一式　肘底捶

第十二式　倒卷肱

第十三式　左右穿梭

第十四式　左右野马分鬃

第三段

第十五式　云手

第十六式　单鞭

第十七式　高探马

第十八式　右蹬脚

第十九式　双峰贯耳

第二十式　左分脚

第二十一式　转身右蹬脚

第二十二式　海底针

第二十三式　闪通臂

第二十四式　白蛇吐信

第四段

第二十五式　右拍脚

第二十六式　左右伏虎势

第二十七式　右下势

第二十八式　金鸡独立

第二十九式　指裆捶

第三十式　揽雀尾

第三十一式　单鞭
第三十二式　左下势
第三十三式　上步七星
第三十四式　退步跨虎
第三十五式　转身摆莲
第三十六式　弯弓射虎
第三十七式　搬拦捶
第三十八式　如封似闭
第三十九式　十字手
第四十式　收势

二、四十招动作之图解

预备势

预备势，太极拳术语中称“无极”势，意为天地混沌、宇宙万物尚未成形之状。

【动作过程】

心中平静，身体放松自然，两脚合并；左脚向左迈出一步站立，两脚距离约与肩同宽，脚尖向前，两臂轻松下垂，两手指轻贴在大腿外侧；眼平视前方。（图1、图2）

图1

图2

【动作要点】

站立时全身放松，心中寂静，静止10秒钟以上，然后渐渐开始动作，此时头顶部略向上领起，术语称“虚领顶劲”。身体自然中正，下颌微向里含，不可以出现挺胸或收腹等紧张状，神态安详平静，意识集中在丹田，即“意守丹田”，忘掉一切，仿佛天地与自己融合为一体。

【技击范例】

预备势，表面为准备战斗姿势，实是身心放松，无思无虑，悠闲、自然，但又不是懒散松垮。如遇暴力袭击或非常之时，我即可冷静应战，并能继续将心身处于中正、宁静之中，或防守或反击都可自如，此为“以不变应万变”之势。

第一段

第一式　起势

【动作过程】

承上势，两臂自然微屈、两手掌心向下，徐徐向前上方平举，两掌间距离与肩同宽，举到肩部时两肘带动手臂缓缓下沉；同时，两膝微屈，身体保持中正，重心缓慢下降；两掌降至大腿外侧时略向下按，掌指向前，掌心向下；眼看前方。（图3、图4）

图3

图4

【动作要点】

动作过程中须意守丹田，两臂向前上方平举须轻柔缓慢，不可以紧张或过于用力；两手到肩高度后两肘稍下沉，两膝微屈，由身体下降的惯性来带动两掌，徐徐下按，要做到沉肩、坠肘及塌腕。

【技击范例】

设对方用右拳向我正面打击，我向左后方稍仰身体，避开攻击之后，立即用双手封其腕关节，并对其肘、肩等关节封闭下压，对方向上挣扎，我即顺其抗争之力先向前、再向后方翻转，迫使对方身体向其手臂反关节方向倾斜，最终向后仰倒，被我制服。（图J–1、图J–2）

图J–1

图J-2

第二式　揽雀尾

【动作过程】

1. 承上势，身体微向右转；右脚尖外撇，重心右移；左脚向右脚收回，自然提起；同时，右掌举至胸前，肘微屈，掌心向下；左掌收至腹前，掌心斜向上；眼看左前方。（图5）

图5

2. 左腿屈膝向上轻轻提起，随之向左前方迈出一步，脚跟先着地，然后过渡到全脚踏实，左腿屈膝前弓，右腿伸直，成左弓步；

同时，身体微向左转，左掌向前上方掤出，左掌、臂与肩成水平半圆形状，掌心向里；右掌划弧按于右胯旁，掌心向下；眼看左前方。（图6、图7）

图6

图7

3. 重心右移，左脚尖内扣踏地，随之身体重心左移，左腿屈膝，右脚跟轻轻提起收回，脚掌着地；同时，左前臂内旋，掌心翻转向下；右前臂外旋，右掌由右向左划弧抄起，举于身体左侧，左掌在上，右掌在下，两掌心相对，两臂各成半圆形；眼看右前方。（图8）

图8

4. 重心稳于左腿；右腿屈膝轻轻提起，随之向右前方迈出一步，脚跟轻轻着地，然后过渡到全脚着地，重心右移，右腿屈膝前弓，左腿伸直，成右弓步；同时，身体右转，以右前臂及右掌背向前方掤出，高与肩平，掌心向里；左掌置于腹前，掌心向前下方；眼看右前方。（图9）

图9

注：太极拳中主要技术为四正手，即掤捋挤按，此技术就是“掤”。掤时，手臂水平弯曲，置于胸部前方，成为保护身体的“护城墙”。

5. 右臂微向前方伸，掌心翻转向下，掌指向左前方；左掌外旋，使掌心向上，掌指向前，置于右手下方；两腿屈膝，重心缓缓后移，逐渐坐实左腿，身体微向左转；两掌随转体向下、向左后方捋至腹部左侧前方时，两臂弯曲；眼看右前方。（图10、图11）

图10

图11

注：此为四正手的“捋”，是利用对方进攻的前冲力向我后下方引进落空，使对方身体失衡而向前倾跌。动作时身体自然中正，左掌略带掤劲、右掌带按劲，两手随坐腰转体向后下方引去，身体重心后移与屈膝、松腰、转体及两手下捋等协调一致。

6. 身体微向右转；右掌、臂成弧形举至胸前，掌心向里；左掌搭扶在右手腕内侧，掌心向外，两手成十字交叉形；同时，重心向前缓缓移动，右腿屈膝前弓，左腿伸直，成右弓步；随弓步向前移动重心，两手臂连带全身重量向前方徐徐挤出，到肩部前方为定点；眼平视前方。（图12）

图12

注：此为四正手的“挤”，是双手交叠向前“挤压”的动作。发劲时上体微向前倾，劲源是弓步后脚蹋趾蹬地之力，动作过程须做到松腰、沉髋、弓腿与双手前挤等协调一致。

7. 左掌沿右掌背划弧向前、向左平抹，右掌向前伸出，随之翻转掌心向下，两臂与胸同高，重心逐渐后移，坐实左腿，右腿微伸直；同时，两掌回收于胸前，掌心斜向前方，掌指向上；眼平视前方。（图13）

图13

8. 重心前移，右腿屈膝前弓，左腿伸直，成右弓步；同时，两掌向前方按出，掌心向前，掌指向上，两臂微屈，两肘稍下垂；眼看前方。（图14）

图14

注：此为四正手的“按”，是双手平行向前方按的动作。发劲时身体与四肢须形成一个紧密的整体，劲源是后脚蹬地所产生的反作用力。

【动作要点】

揽雀尾由掤、捋、挤、按四个动作所组成，是太极拳推手技术中最基本的，也是最重要的技术，称为“四正手”。此四个动作首尾相连，环环相扣，劲路变化在无形中转换，故必须用意识引领动作劲路的转换。

【技击范例】

分掤、捋、挤、按四个动作说明：

1. 掤：设对方双手向我冲击，我向右稍移身体避开，同时右手上举用手腕贴在对方右手腕关节，利用其冲击惯性向前引，随后向左变动，使其失势前倾；当对方发觉，欲向后抽回双手以调正重心时，我立即利用其后退发出掤劲，使其向后倒地。（图J-3）

图J-3

2. 捋：设对方左手向我头部打击，我向后稍移重心，避开攻击的同时左手上举，用手腕贴在对方左手腕处，右手封住其左前臂，利用其前冲惯性向前下方引，使其身体向前方倾倒。（图J-4）

图J-4

3. 挤：设对方右手向我头部横向打击，我向右偏身移开，避开攻击后立即向对方靠近，同时双手掌交叉，右手掌背贴于对方身体，左手掌贴右掌心，利用对方攻击落空收回重心之机，我双掌连带身体向其正身挤去，对方受挤失去平衡，向后仰身倒地。（图J-5）

图J-5

4. 按：设对方朝我正面扑来，我向后略移身体，避开攻击，对方发现攻击落空向后准备撤退，我双手贴其胸部，以整体劲向前

按，迫使对方向后仰倒。（图J–6）

图J–6

第三式　单鞭

【动作过程】

1. 承上势，两腿屈膝，重心缓缓后移至左腿，身体左转，左腿屈膝，右脚尖内扣、踏实，右腿微伸直；同时，两掌向左划弧平抹至身体左前方，掌心向下，掌指向左，高与肩平。（图15）

图15

2. 重心移向右腿，身体右转，左腿屈膝轻轻提起收回；同时，两掌向右划弧平抹至身体右前方，右掌变成勾手，勾尖向下；左掌置于右臂内侧，掌心斜向上；眼看右方。（图16、图17）

图16

图17

3. 身体左转，左脚向左侧迈出一步，脚跟先轻轻着地，然后过渡到全脚踏实，左腿屈膝前弓，右腿微伸直，成左弓步；同时，左掌向左前方弧形推出，掌指向上，掌心斜向前；眼看左前方。（图18）

图18

【动作要点】

两手左右平抹动作，须以腰为轴带动两手做弧形运动，左腿屈膝提起时身体须保持稳定，不得出现摇摆；左脚落地时要轻灵平稳；左掌须向外翻掌后再向前推，推掌过程与转体、落步、弓腿等动作同时完成，不可出现翻掌太快或到动作定型时突然翻掌等错误。

【技击范例】

分勾手擒拿与劈打心窝。

1. 勾手擒拿：设对方用右拳向我正面击打，我向左后方略移身体避开攻打，待其落空，我右手向上提起，抓握对方右手腕关节，利用其重心向后退的惯性，将其手腕向反关节方向转动，对方手腕极痛，只得降服。（图J–7）

图J–7

2. 劈打心窝：设对方用右拳向我正面打击，我向左侧略移，避开攻击，当对方攻击落空时我右手上举封住其右手，同时用左掌劈打其心窝。（图J–8）

图J-8

第四式　提手上势

【动作过程】

承上势，重心缓缓后移，身体右转，左脚尖内扣踏实，随之重心落在左腿；右脚经左脚向前方迈出一步，脚跟着地，脚尖离地向上，成右虚步；同时，两掌由两侧合拢举于胸前；右掌高与眼平，掌指向上，掌心向左；左掌高与胸平，掌心向右，掌指斜向前上方；眼看前方。（图19、图20）

图19

图20

【动作要点】

重心移动须平稳，不可臀部后凸或身体起伏不定。在右脚跟着地时，右膝微屈，两肩放松，两肘略下沉，两手的拇指与食指均有向上提起的劲感，两臂之间有一股向内夹聚的力感。

【技击范例】

设对方右拳向我头部劈击，我向左避开，用左手封其右手腕关节，右手贴其右肘关节下方往上挑起，对方因右臂肘部被反关节上抬，极度疼痛而降服。（图J–9）

图J–9

第五式　白鹤亮翅

【动作过程】

承上势，身体向左转；右掌向下、向左划弧至腹前方时与左掌相抱，两掌相距约20厘米，掌心相对；同时，右脚稍向后撤步，重

心移到右腿；左脚向右脚前方迈出，脚尖点地，成左虚步；右掌经右向上划弧举至头部右侧上方，掌心向外；左手按于左胯前，掌心向下，掌指向前；眼看前方。（图21～图23、图23附图）

图21

图22

图23

图23附图

【动作要点】

成左虚步时，重心大部落在右脚，须稳定；左脚尖点地须轻灵。全身柔和、放松，胸、肩部不可僵硬，右掌上举与左掌下按动作需协调一致，两臂一上一下形成一个大圆形，两手虎口略带张力，劲达指尖。

【技击范例】

设对方左拳向我头部击来，我侧身闪开，用右手贴其左手轻轻向上挡，并握其手腕，顺其冲势继续向前方引去，同时起左脚踢其裆部。（图J–10）

图J–10

第六式　搂膝拗步

【动作过程】

1. 承上势，右掌下降，向前、向下划弧运转至右后方，掌心斜向上；身体微右转；左掌由下向右上划弧运转至胸前，掌心斜向后；身体左转，左腿屈膝轻轻提起，随之向前迈出一步，脚跟先着地，然后过渡到全脚踏实，左腿屈膝前弓，右腿伸直，成左弓步；同时，左掌向下、向左划弧，搂至左膝外侧下按，掌心向下，掌指向前；右掌由右耳向前方推出，掌心向前，掌指向上；眼看前方。（图24、图25）

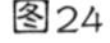

图24

图25

2. 身体左转，重心前移，左脚尖外撇；右脚轻轻提起，脚掌着地；同时，左掌心翻转向上，随之向后划弧运转，屈臂，掌心斜向上；右掌随身体左转，由前向左后方划弧运转至胸前，掌心斜向后。身体右转，右腿屈膝轻轻提起，随之向前迈出一步，脚跟先着地，然后过渡到全脚踏实，右腿屈膝前弓，左腿伸直，成右弓步；同时，右掌由左向下、向右划弧搂至右膝上方向下按掌，掌心向下，掌指向前；左掌经耳侧向前推出，掌心向前，掌指向上；眼看前方。（图26、图27）

图26

图27

3. 身体右转，右脚尖外撇，重心前移；左脚轻轻提起，脚掌着地；同时，右掌翻转向右后方运转，屈臂，掌心斜向上；左掌收于胸前划弧下落，掌心向下。左腿屈膝轻轻提起，随之向左前方迈出一步，脚跟先着地，然后过渡到全脚踏实，左腿屈膝前弓，右腿伸直，成左弓步；同时，身体左转，左掌向下、向左划弧搂手至左膝上方按掌，掌心向下，掌指向前；右掌经耳侧向前推出，掌心向前，掌指向上；眼看前方。（图28、图29）

图28

图29

【动作要点】

此动作是左右三次重复，每次动作要求相同，当一掌向前方推出时，须沉肩垂肘，坐腕舒掌，上体不可前俯或后倾；搂手意义为挡开对方拳或腿的攻击，动作须柔和、准确，掌心向下，力达手指。搂手与推掌动作应同时完成，上下协调一致。弓步定势时两脚尖要略内扣，以增加稳定性。

【技击范例】

设对方左拳向我心窝处打击，我略向后避开，用右手贴其左手

腕向下做外格挡动作，格挡后利用其前倾惯性向前引，并乘其重心前倾之机，用左掌打击其心窝部位。（图J-11）

图J-11

第七式　手挥琵琶

【动作过程】

承上势，重心前移至左脚，右脚轻轻提起，于左脚后方落地踏实，随之重心移至右脚，身体后坐，左脚跟着地，脚尖勾起，成左虚步；同时，身体右转，左掌向前划弧举于胸前，掌心向右，掌指向上，高与鼻平；右掌向右、向里划弧后立掌于左肘侧，掌心向左，掌指向上；眼看前方。（图30、图31）

图30

图31

【动作要点】

成虚步时身体要平稳自然，臀部不可后凸，沉肩垂肘，胸部宽松。左掌不可径直向上挑，而要缓慢轻柔地由左向上、向前划弧线运动后再做挑掌；右掌与左掌间须有一股“夹击”的力感，两掌心虚空，劲达指尖。

【技击范例】

设对方右拳向我脸部击来，我向后稍微避开，用右手向外轻轻格挡后即粘贴其右手腕，并顺其来势向前方引，使其身体前倾。进而左手缠其右肘关节，两手合力向左下方扭转，对方右肘关节被反扭，向侧跌倒。（图J–12）

图J–12

第八式　搬拦捶

【动作过程】

分搬、拦、捶三个动作说明。

1. 搬：承上势，身体微左转；左脚尖外撇，重心落在左脚，右脚向前迈出一步，脚尖略外撇；左脚跟轻轻提起，脚掌着地；同时，右掌变拳向下、向里、向上划弧并向前搬出，以拳背为力点；左掌附在右肘下方，掌指斜向上；眼看前方。（图32、图33）

图32

图33

2. 拦：重心移至右脚，左脚提起向前迈出，脚尖点地；同时，左掌划弧至正前方，掌心向右，掌指向上；右拳收至腰际，眼看前方。（图34）

图34

3. 捶：左脚向前迈出，脚跟先着地，踏实后左腿屈膝前弓，右腿伸直，成左弓步；同时，身体微左转，右拳向前打出，高与胸平，成立拳，拳眼向上；左掌置于右肘关节侧，掌心向右，掌指向上；眼看前方。（图35）

图35

【动作要点】

搬、拦、捶三个动作应该在连绵不断中完成。迈步要轻灵平稳，身体自然中正，右拳收回时前臂要缓慢内旋并做划弧动作，然后再外旋向前搬出，击打之后随之收至腰旁。右拳搬打是以拳背反砸对方鼻子，所以搬打的力量须达拳背，力点要分明。左手是拦截对方，然后与右拳直击动作配合，左右手须配合默契。出右拳时右肩要略向前引，形成全身的整体劲。运动过程中应注意沉肩垂肘；出拳完成后右臂微屈，肘部不可出现僵硬。

【技击范例】

搬、拦、捶各举一例。

1. 搬：设对方用右拳向我头部击来，我向后略移重心避开攻击，同时用左手轻粘其右手腕关节，顺其冲势向前下方引，对方发觉想挣脱，身体后退并向上方抬头，我借机用右拳背反砸其鼻。（图J-13、图J-14）

图J-13　　图J-14

2. 拦：设对方用右拳向我身体正面击打，我向后避开，同时用右手封住其右手腕关节，顺其冲势向前下方引，使其身体向下倾斜，随机立即用左手按住其右肘关节，用肘部反关节动作将其制服。（图J-15）

图J-15

3. 捶：设对方用右拳向我心窝打击，我用左手向外推挡并轻粘在对方右手腕关节，顺其冲势向前方引，同时用右拳击打其心窝。（图J–16）

图J–16

第九式 如封似闭

【动作过程】

1. 承上势，左掌经右手下方向前穿出；右拳变掌，翻转掌心向下，两掌随之收于胸前，掌指向上，掌心斜向前；同时，重心移到右脚，身体后坐，右腿弯曲，左腿微伸直，成左虚步；眼看前方。（图36）

图36

2. 右脚轻蹬地面使重心前移，左腿屈膝前弓，右腿伸直，成左弓步；同时，两臂内旋，两掌向前按出，掌心向前，掌指向上，高与肩平；眼平视前方。（图37）

图37

【动作要点】

身体后坐时须松腰、沉胯，上体不可后仰，臀部不能凸出；两手回收与身体间有一股弹力，此是“封、闭”对方身体或手部的技术要求，如过于坚硬就不可能达到封闭效果。两手按出时不可将臂伸直，肘要微屈，全身上下形成一个整体劲，如此可产生较强的攻击力，同时还能够增加自身的稳定性。

【技击范例】

先封、后闭，分两动作说明。

1. 封：设对方上右脚、用右手抓我胸襟；我为摆脱控制，用双手向上轻轻贴其右腕关节，并顺其势向上升起，使其重心上浮，我即可解脱。进而双手握对方右手指，使其腕关节被我完全控制。（图J–17）

图J-17

2. 闭：设对方攻击，被我引进落空，对方失势后急想逃脱，快速向后移动身体，我立即顺其后退惯性，双手按其胸部推出，对方向后倒地。（图J-18）

图J-18

第二段

第十式 斜飞势

【动作过程】

1. 承上势，身体缓缓右转，重心后移；左脚尖内扣踏实，以右脚掌为轴，脚跟内旋，成右虚步；同时，右掌由前经上方向后划弧转至腹前，掌心向左，掌指向下；左掌由前向上划弧转至左耳侧，掌心向下，掌指向右；眼随右手，动作定势时看右前方。（图38、图39）

图38

图39

2. 右腿轻轻屈膝提起，身体右转，右脚向右前方迈出一步，脚跟先着地，然后过渡到全脚踏实，右腿屈膝前弓；同时，两掌右上左下划弧分开，右臂略微伸直，右掌心斜面向上，掌指向右前上方；左掌置于左胯侧，掌心向下，掌指向前，臂微屈成弧形；眼看右前方。（图40～图42）

图40

图41

图42

【动作要点】

向右转身、迈步要轻灵稳定；身体左右移动时要松腰、沉胯，待重心平稳后再做提腿移步动作；斜飞势是右手向前“挒”的斜打技术，右手发劲须以左脚蹬地产生的劲力为来源，经腰部向上方传送，通过肩、肘到达手指前端，运劲须节节贯通、协调，使劲力在传送中不断汇聚而节节增加。

【技击范例】

设对方左拳向我心窝部直击；我向右稍移身体避开，同时用左手拿住对方左手腕，向下引；身体迅速贴近对方，右手从其左肩上方穿进，右掌掌心向上，将其颈部撩起，向后挒打，同时我右腿封其左腿后方，对方颈部被挒打，左腿被管制，不得不向后倒地。（图J–19）

图J–19

第十一式　肘底捶

【动作过程】

1. 承上势，身体微向左转，重心左移，右脚内扣踏实；身体微右转，重心移于右腿，左脚跟轻轻提起；同时，右掌划弧向左移至胸前，掌心向下；左掌翻转移至腹前，掌心向上，两掌上下相对，两臂成半圆形。（图43、图44）

图43

图44

2. 身体左转，左腿屈膝轻轻提起，左脚向左前方迈出一步踏实，随之右脚向左脚后落下；同时，两掌向左划弧平抹，左掌置于腰侧，掌心向下，掌指向前；右掌置于身体前方，掌心向左，掌指向前，高与肩平；眼随手动，定势时看前方。（图45、图46）

图45

图46

3. 重心向后移于右腿，左脚跟着地，脚尖勾起，成左虚步；同时，左掌从右臂里侧向前举起，掌心向右，掌指向上，高与鼻平；右掌变拳回收于左肘下，拳心向内，两臂均屈肘，成半圆形；眼看前方。（图47）

图47

【动作要点】

左脚迈出时，身体须同时左转，站稳后再迈出右脚，不可慌忙；左掌前穿时，身体重心须落在右腿，迈步和两臂的弧线动作要协调；肘底捶动作定势时，左肘和右拳要靠近身体中心线，两手之间有一股向内合的力感。

【技击范例】

设对方左拳向我头部击来，我向右移动避开，同时用左手格开其左手，右拳击打其左肋部位。（图J–20）

图J–20

第十二式　倒卷肱

【动作过程】

1. 承上势，右拳变掌，掌心翻转向上，随上体微向右转，经腹前由下向后上方划弧平举，肘微屈，掌心斜向上方；左掌随之翻转，掌心向上；眼随身体转动向后看。右臂屈肘，右掌经右耳侧向前推出，掌心向前，掌指向上；左臂屈肘后撤至肋部，掌心向上；同时重心落在右脚，身体微向左转；左脚轻轻提起，向后、略偏左退一步，脚掌着地，然后慢慢过渡到全脚踏实，重心移到左腿；右脚随身体轻轻转动脚掌，脚尖朝正前方，成右虚步；眼看前方。（图48、图49）

图48

图49

2. 身体微向左转，左掌随转体向左后上方划弧平举，掌心向上，眼看左后方；左臂屈肘，左手经左耳侧向前方缓缓推出，掌心向前，掌指向上；右掌心翻转向上，撤至肋部；同时，身体微向右转，右脚轻轻提起，向后略偏右方退一步，脚尖先着地，然后慢慢过渡到全脚踏实，重心移在右脚；左腿随体以前脚掌为轴自然转正，成左虚步；眼看前方。（图50～图52）

图50

图51

图52

【动作要点】

倒卷肱共做两次，右左各一次，须连绵不断进行，不可出现停

顿。推掌要走弧线，沉肩坠肘，转腰时须松胯、圆裆、裹膝。两掌划弧应缓慢，上下须协调，不可有僵硬、刚力的现象。

【技击范例】

设对方左拳向我头部击来；我向后避开，用左手轻轻粘贴其左手，顺其来势向我后方引，同时右掌击打其头部。（图J–21）

图J–21

第十三式　左右穿梭

【动作过程】

1. 承上势，重心缓缓后移，左脚尖里扣、踏实，身体向右后方转，随之重心移到左腿，右腿屈膝轻轻提起，落地时脚尖外撇；同时，右掌经上向右后方划弧运转至额前，掌心向下；左掌向下，外旋翻转划弧至腹前，掌心向上，两掌相对，两臂屈肘成半圆形；眼看左前方。（图53、图54）

图53

图54

2. 重心落在右脚，左腿屈膝，轻轻提起左脚向左前方迈出一步，脚跟着地，然后过渡到全脚踏实，左腿屈膝前弓，右腿伸直，成左弓步；同时，左掌向前划弧后斜架于头前上方，掌心翻转斜向上，掌指向右；右掌随左手划弧向下、向前推出，高与胸平，掌心向前，掌指向上，两臂肘微屈；眼看前方。（图55）

图55

3. 身体微向右转，重心后移，随之身体向左转，重心向前移至左脚；右脚跟轻轻提起，右脚尖着地；同时，右掌随转体先向右平抹，再向左抄于左腹前，掌心斜向上，左掌下落，两掌心相对，两臂屈肘成半圆；眼看前方。（图56）

图56

4. 重心落在左脚，右腿屈膝轻轻提起，右脚向右前方迈出一步，脚跟先着地，然后过渡到全脚踏实，右腿屈膝前弓，左腿伸直，成右弓步；同时，右掌向右上划弧架于头前上方，掌心斜向上，掌指向左；左掌向下、向右划弧后再向前方推出，高与胸平，掌心向前，掌指向上，两臂肘微屈；眼看前方。（图57、图58）

图57

图58

【动作要点】

左穿梭与右穿梭是一组相同的技术，动作过程上体须保持自然中正；举臂向上架挡时，不可出现耸肩、抬肘、弓背等现象，出掌前推须以后脚蹬地所产生的反作用力为劲源，并借全身整体的质量向前方缓缓推出。

【技击范例】

设对方右拳向我头部太阳穴横击；我向侧避开，右手向上轻轻架挡其右手腕，并顺其来势向前引，同时出左掌击打其肋部。（图J-22）

图J-22

第十四式 左右野马分鬃

【动作过程】

1. 承上势，身体微左转，重心后移，随之身体右转，重心前移；左脚跟轻轻提起，左脚掌着地；同时，左掌划弧向左平抹，随之向右抄起，举于腹前，掌心翻转向上；右掌向下降落，两掌心相对，两臂屈肘成半圆，眼看前方。身体左转，左腿屈膝轻轻提起，左脚向左前方迈出一步，脚跟先着地，然后过渡到全脚踏实，左腿屈膝前弓，右腿伸直，成左弓步；同时，左掌向左前方发“挒”

劲，掌心斜向里，高与胸平；右掌下按于胯外侧，掌心向下，两臂屈肘成半圆；眼看前方。（图59～图61）

图59　图60　图61

2. 身体左转，重心前移，右脚跟轻轻提起，脚掌着地；同时，左臂内旋，掌心翻转向下，高与肩平；右掌微向下移，掌心斜向后；眼看前方。右腿屈膝轻轻提起，右脚向前迈出一步，脚跟先着地，然后过渡到全脚掌踏实，右腿屈膝前弓，左腿伸直，成右弓步；同时，右掌向前方发“挒”劲，掌心斜向里，高与胸平；左掌下按于胯外侧，掌心向下，两臂屈肘成半圆；眼看右前方。（图62～图64）

图62　图63　图64

【动作要点】

此为太极拳的“挒”劲技术，取名为野马分鬃，实是由下向上斜面打击，威力极大。此动作左右各一次，动作过程须上体中正，胸部宽松、舒展；发“挒”劲时两臂要划弧进行，须以腰为轴带动手臂；弓步与分手时上下动作须协调，发“挒”劲时向上的手臂是以扇击对方头部为目标的，故虎口与掌背须有一定的张力，使全身整体的质量贯穿到手掌食指外侧，这样才能发出强大的“挒劲”。

【技击范例】

设对方右掌向我心窝打击，我向左侧略移重心避开攻击。对方发觉攻击落空，准备调整重心时，我身体潜入，以肩带动左掌，向其咽喉部“挒”打，即用左掌食指根部扇击对方，使其向后倒地。（图J–23）

图J–23

第三段

第十五式　云手

【动作过程】

1. 承上势，身体微向左转，左掌由下经前向上划弧并向左侧方向运转，掌心斜向左下方，掌指向左侧方；右掌向下、向左划弧运转，经腹前至左肘内侧，掌心斜向上，两臂屈肘成半圆形；重心移于左腿，右脚向左脚内侧移步，两膝略弯曲，成横开步；眼看左侧。（图65～图67）

图65　图66　图67

2. 身体右转，右掌由左向上、向右划弧运转经脸前至身体右侧，掌心斜向下，掌指向右；左掌向下、向右划弧运转经腹前至右肘内侧，掌心斜向上，两臂屈肘成半圆形；同时，重心移于右腿，左脚向左侧横开步，脚掌着地，脚跟轻轻提起；眼看右侧。（图68、图69）

图68

图69

如此动作，重复3次，动作过程、要求、规格相同，说明从略。3次云手动作结束时的定势图，请参见图67，以便随后动作连续顺畅。

【动作要点】

云手动作取自“行云流水”之意，在重复3次动作的过程中须有连绵不断的意境。身体转动时以腰为轴，做到松腰、圆裆，并与手臂弧形运转默契配合，重心平稳移动，不可忽高忽低，身体自然圆活，速度缓慢均匀。

【技击范例】

云手是太极拳中典型的防御性动作，两手上下圆周运动，将对方直线攻击过来的动作用弧形来阻挡，将其拦截在身体外围。设对方用右拳向我攻击，我用云手技术将其阻挡，同时用另一手进行反击。（图J–24）

图J-24

第十六式　单鞭

【动作过程】

承上势，右掌划弧运转至身体右侧上方，成勾手；左掌运行至右臂内侧。身体微左转，左腿屈膝轻轻提起，左脚向左侧迈出一步，脚跟先着地，然后过渡到全脚踏实，左腿屈膝前弓，右腿伸直，成左弓步；同时，左掌向前方推出，掌心斜向前，掌指向上；眼看前方。（图70～图73）

图70

图71

图72

图73

【动作要点】【技击范例】

与前述第三式单鞭相同，说明从略。

第十七式　高探马

【动作过程】

承上势，重心移至左脚，右脚轻轻提起向左脚靠拢半步；重心向后移至右脚，左脚尖点地，脚跟提起，成左虚步；同时，右勾手变掌，右臂屈肘，右掌经右耳向前“刺”探，掌心向下，掌指斜向左前方；左掌翻转，左臂屈肘平置于身体前方，掌心向上；眼看前方。（图74、图75）

图74

图75

【动作要点】

向前“刺”探攻击对方咽喉或眼睛，也称探掌。出击时上身须中正，两肩下沉，左肘微下垂，右脚向左脚靠拢时宜轻巧；后移转换重心时身体不可出现晃动或上下起伏。

【技击范例】

因为高探马动作攻击的目标是对方咽喉、眼睛等要害部位，所以实施此技术时其准确度要求极高。设对方右拳向我胸部打击；我向后避开，左手向下轻轻粘附在对方右手腕，快速顺其冲势将对方引向前下方，同时用右手指探击其咽喉。（图J–25）

图J–25

第十八式　右蹬脚

【动作过程】

1. 承上势，身体左转，左掌由左向前、向右经右臂下、向里划弧再抹转至胸前，掌心斜向里；右掌自右向里、向左经左臂上方划弧前抹，掌心斜向左，随之两掌分开，再抹转半圆，成两掌交叉，左掌在里，右掌在外；同时，左脚轻轻提起向左前方迈出一步，脚跟先着地，然后过渡到全脚踏实，左腿屈膝，右腿屈膝轻轻提起；眼看右前方。（图76、图77）

图76

图77

2. 右腿以右脚跟为力点，向前方蹬出，脚尖勾起（以对方身体正面为目标），高与胯平；同时，两掌向左右划弧分开，右掌于右脚上方，掌心斜向前，掌指向上，高与肩平；眼看右前方。（图78）

图78

【动作要点】

蹬脚动作难度较大，根据练习者腿部的柔软性，高度不可勉强要求，应以自然轻松为宜。蹬脚时身体要保持中正平稳，右臂与右腿须上下相对，即肘与膝对、腕与踝对。分手与蹬脚动作须上下协调，左腿膝部宜微屈支撑身体，以利于重心稳固。

【技击范例】

设对方右掌击打我头部；我向后略移重心避开攻势，对方落空后，我迅速靠近，提起右脚向其胸部蹬踢，力达脚跟。（图J–26）

图J–26

第十九式　双峰贯耳

【动作过程】

1. 承上势，右腿屈膝收回；左掌翻转，掌心向上，由左经前向右划弧运转至右膝内侧；右掌翻转掌心向上，置于右膝外侧，两臂稍屈；眼看右前方。（图79）

图79

2. 右脚向右前方落地，脚跟先着地，然后过渡到全脚踏实，右腿屈膝前弓，左腿伸直，成右弓步；同时，两掌变拳，由两侧划弧向右前方掼打，两拳眼相对，高与耳平，两臂屈肘成半圆形；眼看右前方。（图80）

图80

【动作要点】

此动作是以两拳夹击对方头部“太阳穴”，出击时须保持身体中正，松腰、圆胯，沉肩垂肘，两臂保持弧形，向前落步与掼拳动作须协调一致。动作完成时两拳仍需松握，只有松握才能消除手臂的过分紧张。

【技击范例】

设对方向我猛扑过来，我略后退，避开其攻势，乘对方扑空，迅速靠近，两拳向其太阳穴夹打。（图J–27）

图J–27

第二十式　左分脚

【动作过程】

1. 承上势，重心微后移，右脚尖外展踏地，继而重心前移至右脚，左脚跟轻轻提起向右脚靠拢，两脚成交叉形；同时，两拳变掌，经两侧向下划弧分开，掌心向下；眼看前下方。（图81）

图81

2. 左腿屈膝轻轻提起；两掌交叉合抱于胸前，右掌在外，掌心向里；随之两掌向左右划弧分开，掌心均斜向外，掌指向上；同时，左腿由屈而伸，向左前方分脚踢出，脚面自然绷平，腿高与胸平；踢分脚时左手须在左脚正上方；眼看前方。（图82、图83）

图82　　图83

【动作要点】

此动作与右蹬脚相似，难度较大，故分脚踢出时不可勉强求高；分脚时身体须保持中正、稳定，不得出现耸肩现象；分掌与分脚动作须上下相对、协调，支持重心的右腿不可伸直，微屈膝以增加稳定性。

【技击范例】

设对方以左拳打击我面部；我稍后移动避开，在对方攻击落空时迅速靠近对方，同时起左脚向其胸部或头部踢击，力达脚尖。（图J–28）

图J–28

第二十一式　转身右蹬脚

【动作过程】

1. 承上势，右脚跟离地，以脚掌为轴身体向右后方转动270°；左脚随转体由左向前方摆动，下落于右脚旁，脚尖先着地，然后过渡到全脚踏实；重心渐渐移于左脚，随之左膝微屈承载身体重力，右脚轻轻提起；同时，两掌随转体向胸前合抱交叉，左掌在里、右掌在外，掌心皆向内；眼随转体平视，眼神关顾两掌合

抱。（图84）

图84

2. 右腿屈膝提起，随之以右脚跟为力点向前方蹬脚，脚尖勾起，高与胸平；同时，两掌向两侧划弧分开，掌心斜向前方，掌指向上；眼看右脚蹬出方向。（图85、图86）

图85

图86

【动作要点】【技击范例】

与前述第十八式右蹬脚相同，说明从略。

第二十二式　海底针

【动作过程】

承上势，身体右转，右脚向左脚后方落地，脚尖先着地，然后过渡到全脚踏实，随之重心移于右脚；左脚轻轻提起向前移至右脚前方，脚尖着地，成左虚步；同时，右掌由前向下经后再向上划一圆，然后向前下方插掌，掌心向左，掌指斜向下；左掌由后向左弧形贴靠在右肘关节内侧，掌心向下，掌指向前；眼看前下方。（图87～图89）

图87　图88　图89

【动作要点】

身体向右转动须以腰为轴带动两臂运转，完成海底针时上体不可过于前倾，避免身体失衡或臀部后凸；成虚步时左膝微屈，两膝内扣以增加身体的稳定性。

【技击范例】

设对方冲抱我腿部；我向后避开，对方攻击落空，乘其头部低倾之机，用右掌向其后脑部位截击。（图J–29）

图J–29

第二十三式　闪通臂

【动作过程】

1. 承上势，身体直起微右转，重心落在右脚，左脚轻轻靠近右脚，脚掌着地；两手收至体前方。（图90）

图90

2. 左脚向前迈出一步，脚跟先着地，然后过渡到全脚踏实，左腿屈膝前弓，右腿伸直，成左弓步；同时，右臂内旋，右掌举于头部右上方，掌心向外，肘微屈，臂呈半圆形；左掌向前举推，臂微伸直，掌心斜向前，掌指向上；眼看前方。（图91、图92）

图91

图92

【动作要点】

左掌推出时上体须自然中正，松腰沉胯，左臂微直，但不可完全伸直。左推掌、右架掌和弓步动作须上下协调一致，手到、脚到、眼到。

【技击范例】

设对方右掌向我头部打击；我向右移动避开攻击，乘对方落空失势，右手粘贴其右手腕，左掌向其胸部打击。（图J–30）

图J-30

第二十四式　白蛇吐信

【动作过程】

1. 承上势，重心后移于右腿；左脚尖翘起内扣，身体右转，随之重心移至左腿；同时，右掌随转体经右向下变拳划弧至左肋，拳心向下；左掌向上、向右划弧运至右臂上方，掌心向下；眼看右前方。（图93）

图93

2. 身体继续右转，右腿屈膝轻轻提起，右脚随之向右前方迈出一步，脚跟先着地，然后过渡到全脚踏实，右腿屈膝前弓，左腿伸直，成右弓步；同时，右拳变掌经右前向下划弧运至右腰侧，掌心向上，掌指向前；左掌由上向下顺右臂向右前方推出，掌心向前，掌指向上，臂微伸直；眼看右前方。（图94、图95）

图94

图95

【动作要点】

白蛇吐信动作是身体右后转180°，用右掌穿击对方咽喉或眼睛的技术，要迅速准确，如白蛇吐信一般（蛇的舌头是非常灵活快速的）。所以，在右掌向前穿击时，身体要保持轻松、自然、中正；左掌前推须略带弧形，不可直线推出；动作过程须沉肩垂肘，转体要稳定。

【技击范例】

分两个动作说明。

1. 穿掌击喉：设对方向我扑来；我稍向后避开，乘对方扑空，用右掌穿击其咽喉。（图J–31）

图J－31

2. 右引左击：设对方用左摆拳击我头部；我用右手粘贴对方左手，同时顺其惯性向前引，用左掌打击其心窝。（图J–32）

图J－32

第四段

第二十五式　右拍脚

【动作过程】

1. 承上势，重心前移，左腿屈膝轻轻提起，随之左脚向右前迈一步，脚尖外撇，两腿屈膝交叉，右脚轻轻提起；同时，右掌顺左臂经右前向下划弧，再向里抹转一周，两掌交叉于胸前，左掌在里，右掌在外，掌心斜向胸部；眼看右前方。（图96、图97）

图96

图97

2. 右腿屈膝轻轻提起，由屈而伸，随即右脚向前上方弹踢，脚面自然绷平；同时，两掌经上方向左右分举，右掌拍击右脚背；左掌平举于左后方，掌心向下；眼视右脚踢出方向。（图98、图99）

图98

图99

【动作要点】

两臂划弧交叉与上步动作协调配合，不可脱节。身体要轻松自然，不可挺胸、耸肩，手臂僵直；拍脚时，支撑腿微屈，以增加单腿站立的稳定性；拍脚高度以与本人的柔韧性相符为宜，不可强求高度而出现弓背低头的状态。

【技击范例】

设对方右掌向我眼部猛刺过来；我向左闪开，在对方攻击落空的一刹那间，迅速起脚踢击其右腕部位。（图J–33）

图J–33

第二十六式　左右伏虎势

【动作过程】

1. 承上势，右脚落在左脚内侧；同时，两掌划弧落于身体右前方，两臂微屈，两掌向下；眼看右前方。（图100）

图100

2. 左脚向后撤一步，脚掌着地；身体左转；左脚跟内转踏实，左腿屈膝前弓，右腿伸直，成左弓步；同时，两掌向下、向左划弧运转，左掌变拳架于头部上方，拳心斜向上，拳眼向下；右掌变拳置于左肋前方，拳心向里，拳眼向上；眼看右前方，为左伏虎势。（图101、图102）

图101

图102

3. 重心后移，右腿屈膝，左腿微屈；同时，两拳变掌缓缓向下降落，手心向下；眼看左前方。（图103）

图103

4. 重心后移，身体右转；右腿屈膝轻轻提起，右脚向右前方迈出一步，脚跟先着地，然后过渡到全脚踏实，右腿屈膝前弓，左腿伸直，成右弓步；同时，两掌向下、向右划弧运转，右掌变拳架于头部上方，拳心向前，拳眼向下；左掌变拳置于右肋部，拳心向里，拳眼向上，两臂屈肘成半圆，两拳眼相对；眼看前方，此为右伏虎势。（图104～图106）

图104

图105

图106

【动作要点】

转身迈步要轻灵稳定，单脚支撑重心须平稳，定势时两臂要保持半圆形，胸部宽松，成弓步时要松腰、圆裆、松胯，上下动作协调一致。

【技击范例】

设对方用右腿踢击我裆部，我用右手向下格挡。（图J–34）

图J–34

第二十七式　右下势

【动作过程】

承上势，身体左转，左脚尖稍外撇，重心移至左脚，左腿屈膝下蹲；右腿伸直，成右仆步；同时，左拳变掌由前经下向后划弧运至左后方，变为勾手；右拳变掌由前向上、向里经胸前向下，沿右腿内侧向前穿掌，掌心斜向下，掌指向前；上体微前伏；眼看前下方。（图107、图108）

图107

图108

【动作要点】

左腿屈膝下蹲、右腿平铺伸直成右仆步时，可根据自己身体的柔韧性来定下蹲的高度，柔韧优者可屈腿成全蹲，差者也可半蹲。总之，仆步的高度以练习者自然轻松为度，但两脚须全脚掌着地，臀部不可凸出。

【技击范例】

设对方右掌向我头部打击；我向下伏身避开，使其攻击落空。乘对方身体前倾机会，我身体迅速向其靠近，并潜伏深入、穿其裆部，并将其扛摔出去。（图J–35）

图J–35

第二十八式　金鸡独立

【动作过程】

1. 承上势，左脚蹬地，重心前移，右腿屈膝前弓，左腿伸直，成右弓步；同时，身体直起，右掌向前穿，掌指向前，掌心斜向下；眼看前方。（图109）

图109

2. 重心继续前移，左腿屈膝轻轻提起；同时，左勾手变掌由后经下向前划弧举于体前，臂微屈，掌指向上，掌心向右，左肘与左膝上下相对；右掌由前向下划弧按于右胯旁；眼看前方。（图110）

图110

3. 左脚落于右脚内侧，随之右腿屈膝轻轻提起；同时，左掌下落至左腿外侧，掌心向下，掌指向前；右掌由下向上划弧挑举于前方，臂微屈，掌心向左，掌指向上，右肘与右膝上下相对；眼看前方。（图111、图112）

图111

图112

【动作要点】

金鸡独立为左右重复动作，难度较高，要求身体保持平衡、中正、轻松，支撑腿可微屈膝以增加稳定性，屈膝与向上挑掌动作须上下相随，协调一致，动作过程中宜沉气。

【技击范例】

设对方左手打击我头部；我向后略移重心避开，右手向上粘附其左手腕，并顺其冲势向前方引去，同时屈膝撞击其胸部肋骨处。（图J-36）

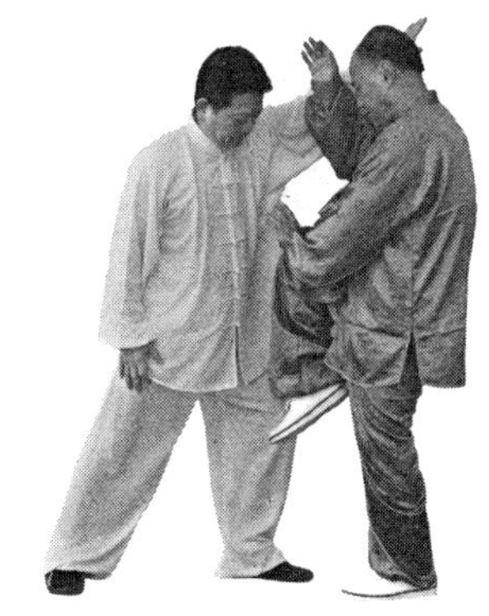

图J-36

第二十九式　指裆捶

【动作过程】

图113

1. 承上势，右脚向前迈出一步，右脚尖稍外撇，重心前移；左脚轻轻提起；同时，右掌经前向下划弧至腰间，掌心向上；左掌由左向前划弧平抹，掌心向下，掌指向前；眼看前方。（图113）

2. 左脚向前迈出一步，脚跟先着地，然后过渡到全脚踏实，左腿屈膝前弓，右腿伸直，成左弓步；同时，左掌向左搂，臂稍屈，掌心向下，掌指向前；右掌变拳向前下方打出，臂微屈，拳眼向上；眼视右拳前方。（图114、图115）

图114

图115

【动作要点】

出右拳时上体要保持自然中正，松腰、沉胯，右臂不可过于伸直；上步与搂手、出拳与弓步要上下相随，协调一致。

【技击范例】

设对方右拳向我头部太阳穴横击；我向右后方避开，待对方落空，我左手粘贴其右手腕部，顺其惯性向前方引去，同时用右拳打击其裆部。（图J–37）

图J–37

第三十式 揽雀尾

【动作过程】

1. 承上势，身体微向右转；左脚尖外撇，重心左移；右脚向左脚收回；同时，左掌举至胸前，肘微屈，掌心向下；右掌收至腹前，掌心斜向上；眼看前方。（图116）

图116

2. 右腿屈膝向上轻轻提起，右脚向前方迈出一步，脚跟先着地；同时，右掌微向上掤起，两臂屈肘收到胸前。（图117、图118）

图117

图118

3. 右脚过渡到全脚踏实，屈膝前弓，左腿伸直，成右弓步；同时，身体微向右转，右掌向前上方掤出，右臂与肩成水平半圆形状，掌心向里；左掌划弧按于左胯旁，掌心向下；眼看前方。（图119）

图119

4. 左掌外旋向前上方，使掌心向上、掌指向前，置于右手下方；两腿屈膝，重心缓缓后移，逐渐坐实左腿，身体微向左转；同时，两掌随转体向下、向左后方捋至腹前，两臂弯曲；眼看前下方。（图120、图121）

图120

图121

5. 身体微向右转；右掌、臂成弧形举于胸前，掌心向里；左掌搭扶在右手腕内侧，掌心向外，两手成十字交叉形；同时，重心向前缓缓移动，右腿屈膝前弓，左腿伸直，成右弓步；随弓步向前移动重心，两手臂连带全身重量向前方徐徐挤出，到肩部前方为定

点；眼平视前方。（图122）

图122

6. 左掌划弧向前、向左平抹，右掌向前伸出，随之翻转掌心向下，两臂与胸同高；重心逐渐后移，坐实左腿，右腿微伸直，脚尖离地；同时，两掌回收于腹前，掌心斜向前下方；眼平视前方。（图123）

图123

7. 重心前移，右腿屈膝前弓，左腿伸直，成右弓步；同时，两掌收至胸前徐徐向前按出，掌心向前，掌指向上，两臂微屈，两肘下垂；眼看前方。（图124、图125）

图124

图125

【动作要点】【技击范例】

与前述第二式揽雀尾相同，说明从略。

第三十一式　单鞭

【动作过程】

1. 承上势，两腿屈膝，重心缓缓后移至左腿，身体左转，左腿屈膝，右脚尖内扣、踏实，右腿微伸直；同时，两掌向左划弧平抹至身体左前方，掌心向下，高与肩平。（图126）

图126

2. 重心移向右腿，身体右转，左腿屈膝，随之左脚提起收到右脚旁，脚尖点地；同时，两掌向右划弧平抹至身体右前方，右掌变成勾手，勾尖向下；左掌置于右臂内侧，掌心斜向上；眼看左前方。（图127、图128）

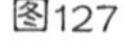
图127

图128

3. 身体左转，左脚向左侧迈出一步，脚跟轻轻着地，然后过渡到全脚踏实，左腿屈膝前弓，右腿伸直，成左弓步；同时，左掌向左前方弧形推出，掌指向上，掌心斜向前；眼看前方。（图129、图130）

图129

图130

【动作要点】【技击范例】

与前述第三式单鞭相同，说明从略。

第三十二式　左下势

【动作过程】

承上势，身体右转，右脚尖稍外撇，重心后移，右腿屈膝下蹲；左腿伸直，成左仆步；同时，左掌由前向上经胸前向下，沿左腿内侧向前穿出，掌心斜向下，掌指向前；眼看前下方。（图131、图132）

图131

图132

【动作过程】【技击范例】

与前述第二十七式右下势相同，唯方向相反，说明从略。

第三十三式　上步七星

【动作过程】

承上势，左脚尖微外撇，重心渐渐前移至左腿，身体直起，左腿屈膝支撑重心，右脚缓缓提起，向左脚前方迈出半步，脚尖点地，成右虚步；同时，右勾变掌由后向下、向前划弧抄起，与左掌共同变成拳，在胸前相互交叉，右拳在外，左拳在内，右拳心向外，左拳心向里；眼看前方。（图133、图134）

图133

图134

【动作要点】

成右虚步时，身体须竖直，并做到虚领顶劲；两拳交叉时腕部须相贴，两臂撑圆，胸部放松，力点在两拳交叉处。

【技击范例】

设对方右拳向我头部击打过来；我向左略移重心，避开对方攻势，乘其落空，两拳交叉架挡其右手，然后用擒拿控制其右手关节。（图J-38）

图J-38

第三十四式　退步跨虎

【动作过程】

承上势，右脚后撤一步，重心移至右腿；左脚掌着地，左膝微屈，成左虚步；同时，两拳变掌经身体前方划弧分开，右掌举于头右上方，掌心向外，掌指向左；左掌按于左胯外侧，掌心向下，掌指向前；眼看前方。（图135、图136）

图135

图136

【动作要点】

退步跨虎动作定势时，两肩要松沉，胸部须松宽，左掌向下略带按劲，右掌上架略带掤劲，两臂形成一大圆圈，并有向外撑开的劲感。

【技击范例】

设对方左掌向我头部横击；我向左闪开，使对方攻击落空，乘机右手向上托，粘其左手腕，顺其冲势引向前方，使其身体前倾、重心不稳时用左脚轻扫其右脚踝关节，对方即倒地。（图J–39）

图J-39

第三十五式　转身摆莲

【动作过程】

1. 承上势，身体右转，左掌由左胯向前上方划弧举于胸前，掌心向下；右掌由上向右、向下划弧举于右腹前，掌心向下，随之沿左臂上方向前、向右划弧移于身体右方，掌心斜向下；同时，以左脚掌为轴，脚跟外展，右脚尖外撇；眼看右前方。（图137、图138）

图137

图138

2. 身体右后转，左腿轻轻提起，左脚向右迈出一步，脚尖内扣，身体继续右后转，两脚随身体转动，重心落在左腿，右腿微屈，前脚掌着地，成右虚步；同时，两掌随转体向后划弧平移，右掌移于身体右前方，掌指向上，掌心斜向下；左掌置于右前臂里侧，掌心向里；眼看右上方。（图139）

图139

3.身体微左转，右腿屈膝轻轻提起，随之右脚面绷平，经左向右上方弧形摆踢，膝关节自然伸直；同时，两掌与腿的摆踢方向相反，自右向左划弧拍击右脚面，先左后右，连续两次击拍脚背。（图140）

图140

【动作要点】

转身摆莲动作身体要转动360° ，动作难度较大，转体与提腿摆踢时，维持身体稳定相当有难度。动作过程身体须中正，支撑腿稍屈膝，可以增加身体的稳定性。摆踢时右腿一边划弧、一边向上踢起，上体要微向前倾，这样既可以迎击摆莲腿，还可以增加稳定性。摆踢的高度以个人的柔韧性而定，不可勉强。

【技击范例】

设对方以左拳向我攻击；我后移身体避开，乘对方攻击落空，用右腿摆踢其头部。（图J–40）

图J–40

第三十六式　弯弓射虎

【动作过程】

承上势，右脚向身体右侧落地，两脚原地踠转，右腿屈膝，左腿伸直，成右弓步；同时，两掌自左经下向右划弧，右掌变拳架于头右上方，拳心向外；左拳经胸部向前方打出，拳眼向上；眼看左拳前方。（图141、图142）

图141

图142

【动作要点】

屈膝、原地蹍转时上体及头部要保持中正；右拳划弧向上架挡与右脚落地成弓步的动作要同时完成，形成全身一致的整体力；定势时右臂屈肘成半圆形，左拳向前方打出，左右臂形成一个“张力”，似拉弓射箭状。

【技击范例】

设对方出左拳打击我头部；我向后闪开，对方攻击落空，我用右手轻轻向上架挡，并粘附对方左手腕继续向前引去，同时用左拳打击其心窝。（图J–41）

图J–41

第三十七式　搬拦捶

【动作过程】

1. 承上势，身体微向左转，左脚外撇，重心移于左腿；右脚提起向前方迈出一步，脚尖上翘；同时，右拳经左下向里、向上划弧再向前搬出；左掌由前经下弧形移至胸前，掌心向右，掌指向上；眼看前方。（图143、图144）

图143

图144

2. 左脚向前迈出一小步，脚跟着地；同时，右拳收回至腰部，左掌向前探出，拦阻对方动作。（图145）

图145

3. 左脚掌着地踏实，左腿屈膝，右腿伸直，成左弓步；身体微左转；同时，右拳向前方打出，高与胸平，拳眼向上；左掌置于右肘内侧，掌心向右，掌指向上；眼看右拳前方。（图146）

图146

【动作要点】【技击范例】

与前述第八式搬拦捶动作相同，说明从略。

第三十八式　如封似闭

【动作过程】

1. 承上势，左掌经右手下方向前穿出；右拳变掌，翻转掌心向下，两掌交叉收于胸前，掌指向上，掌心斜向里；重心后移，身体后坐，右腿弯曲，左腿微伸直；眼看前方。（图147、图148）

图147

图148

2. 右脚轻蹬地面使重心前移，左腿屈膝前弓，右腿伸直，成左弓步；同时，两掌由交叉旋转分开，在肩前内旋后向前按出，掌心向前，掌指向上，高与肩平；眼平视前方。（图149、图150）

图149

图150

【动作要点】【技击范例】

与前述第九式如封似闭动作相同，说明从略。

第三十九式　十字手

【动作过程】

1. 承上势，身体右转，左脚尖内扣踏实，两腿屈膝，重心落在

两脚中间；同时，两掌划弧运转至身体两侧分开，掌心斜向外；眼平视前方。（图151）

图151

2. 身体微左转，右脚向左脚靠拢，成小开步；同时，两手经下向里划弧后交叉抱于胸前，右手在外，左手在里，两掌心均向内；眼看前方。（图152）

图152

【动作要点】

两手合抱成“十字”时，上体不可向前俯或倾斜；右脚收回

时，脚尖先着地，然后过渡到全脚着地，身体保持自然中正，头部微向上引领，下颌稍向内收；两臂环抱时须圆满舒适，沉肩垂肘，力点在两手交叉处。

【技击范例】

设对方用右拳向我正面打击；我向右闪开，对方攻击落空，我两手交叉架挡其右手腕。（图J–42）

图J–42

进而擒拿其右手腕关节，向其右上方翻转，使对方向侧倒地。（图J–43）

图J–43

第四十式　收势

【动作过程】

1. 承上势，两掌向里翻转，分开与肩同宽，置于身体肩部前方，两掌心均向下，掌指向前，随之缓缓降落于两腿侧，掌心仍向下，掌指向前。（图153、图154）

图153

图154

2. 左脚向右脚靠拢，成并步站立；同时，两掌指下垂，置于大腿外侧；眼平视前方，呼吸均匀细长。（图155）

图155

【动作要点】

收势，即本套路演练完毕。随着身体由运动变为静止，心理也须进入寂静状，在太极拳术语中称“无极”势，即“由有入无”。此时全身完全放松，静默10至20秒钟，呼吸平稳、细长，内心与周围环境融为一体。

「下篇」

太极拳哲理四十则

本篇收集了四十则有关太极哲理方面的内容进行介绍。

新儒家的开山之作是《太极图说》，开篇就说："无极而太极。"这是中国思想史上一个极其重要的哲学理念，是新儒家的第一声进军号，揭开太极哲学的历史大幕。

太极哲学认为世界上一切的"有"都是从无中产生，最终又回归到无。太极，指绝对存在，宇宙间一切事物都置于"太极"之中，它是天地间"至高"真理，与基督教中的上帝、佛教中的释迦牟尼一样，是永恒、无穷、无上的。太极，既包括宇宙间无限的、复杂的物质世界，也包括了人的大脑中一切抽象的、超时空的思维与生命观、价值观等。

太极阴阳图

太极哲学有两个基本点：一是周期规律，从无生有，有必归无。二是阴阳互相依存规律。太极拳正是基于这一哲学原理，从柔、静、圆融、曲线等技术形态入门，渐渐进入太极哲学世界。

一、太极哲学

中华文化思想是以儒家学说为主体的，其最大特点是对现世生活强烈的肯定，故中国的历史文献，从《春秋》开始到《清史稿》，几乎将五千年中华文明全部包括进来。这是世界上任何其他国家都不能比肩的。然而，中国在宗教信仰方面却相对薄弱，2000多年前汉代时期，佛教自印度传入中国，道教也在那个时期萌芽、发展，佛、道两家弥补了先秦儒学的不足。

到宋代，“新儒家”综合儒、佛、道三家学说的优点，提出“太极”说，把佛、道宗教信仰的“出世”成分与儒家的积极“入世”精神融合起来，使中国人既有积极入世的一面，又有潇洒出世的一面，让生与死、“此岸”与“彼岸”连接起来。“新儒家”改善了“原始儒学”，完成了中国人的生命哲学体系的建立。此后，经过上千年的实践，逐渐成为中华文化思想的根基。

（一）太极是理

对物质世界而言，太极是“理”。

人是万物之灵。的确，人与万物相比似乎很“伟大”，但与我们生活的地球相比，就太渺小了；地球很大，但与太阳相比，还是“小”者；太阳系很大，但在“银河”中也是很小的一部分；银河系在宇宙中还是很小的一部分。宇宙是无限的，而“太极”跟宇

宙一样，也是无限的，它只是一个“理”。人通过这个理，探求宇宙、自然、物质本身的客观存在。

人类自从产生文字以来，仅仅只有5000多年，其间对宇宙自然的探索一直不断地进行着。中国古代的神话，嫦娥奔月、女娲补天、牛郎织女等，都是古人对宇宙探讨的神话故事。在西方则有上帝、圣母、耶稣、宙斯等。人类一方面生活在现实的、残酷的物质世界中，另一方面又与理想的、美妙的精神世界形影不离。人活着，物质与精神必须兼顾，这就是“阴阳”的思想。

阴阳两极，也是精神与物质，对人而言，两者不可缺一。

北宋一批思想家发挥了孔孟的积极入世思想，并将佛学的唯心观、道教的自然观中的部分内容引入并融合。到南宋，又有朱熹、陆九渊等一批人用毕生精力去整理、研究，将诸多理论集大成，从而确立了中国人的哲学体系。为了区别于先秦时代以“孔孟”为主体的原始儒家，加了一个“新”字，即“新儒家”。从南宋之后，直到1919年“五四运动”之前，新儒家思想一直是中国人生存、生活、教育、治家、治国的人生哲学。即便在现代，新儒家思想在中国人身上还是留有很多深刻的烙印。“五四运动”之后，还出现了一批伟大人物，早期如冯友兰❶、贺麒❷、方东美❶

❶冯友兰（1895—1990年），字芝生，河南唐河县人，出生在一个“诗礼人家”。早期确立了新实在主义的哲学信仰，并把新实在主义同程朱理学结合，是现代著名哲学家、“新心学”的创建者。

❷贺麟（1902—1992年），四川金堂人，“新心学”的创建者，现代新儒学八大家之一，著作主要有《近代唯心主义简释》《文化与人生》《当代中国哲学》等。

、熊十力❷、牟宗三❸、唐君毅❹等，现时仍健在的有余英时❺、成中英❻、许倬云❼等。

新儒家以《太极图说》为源头，从“无极、太极、阴阳、动静、刚柔”等概念入门，导出“心、性、理、气”等理念。从宋代开始萌芽，又经元、明两代共600多年的建设，尤其是王阳明的“心学”，弥补了“理学”的不足，到清代已经是一门非常严密、完整的哲学思想体系。即使在今天，太极哲学还是可以与西方哲学互相补充的人生大学问，它把“生的奋斗”与“死的安宁”连接得天衣无缝，放射出儒、道、佛学的思想光芒。

---

❶方东美（1899—1977年），现代著名哲学家。曾用笔名方东英，安徽省桐城县人。

❷熊十力（1885—1968年），新唯识论的创始人，号子真，湖北省黄冈县人。

❸牟宗三（1909—1995年），字离中，出生于山东省栖霞县牟家疃。1949年前往台湾，1960年赴香港，先后在香港大学、香港中文大学新亚研究所任哲学教授及导师，退休后定居台北。

❹唐君毅（1909—1978年），四川宜宾人。师从熊十力、方东美、梁漱溟等，是新儒家学派代表人物。

❺余英时（1930—　），出生于天津，师从钱穆、杨联升，是当代华人世界著名历史学者、汉学家，曾任密歇根大学、哈佛大学、耶鲁大学教授，现居美国。

❻成中英（1935—　），出生于南京，1955年毕业于台湾大学外文系，1958年获华盛顿大学哲学与逻辑学硕士学位，1963年获哈佛大学哲学博士学位。现为美国夏威夷大学哲学系教授，国际《易经》学会主席。

❼许倬云（1930—　），江苏无锡人，1949年赴台，就读台大历史系，后获得美国芝加哥博士学位。先后被聘为香港中文大学历史系讲座教授、南京大学讲座教授、夏威夷大学讲座教授。

归纳起来，太极哲学具有“入世”与“出世”和“形而下”与“形而上”双重优势。入世，用儒学的仁、义、礼、智、信为人生准则，鞠躬尽瘁，死而后已，在现实中奋斗不息。出世，用道家学说的道法自然、无为、主静、贵生、守雌；用佛教的“三界唯心”“万物皆空”，追求彼岸才是“永恒的乐土”，使人找到终极关怀。

儒、道、佛三家整合构成太极哲学，具体操作通过阴阳变化将形而下的物质世界与形而上的精神世界连接为一整体，将“生”与“死”沟通，使人既能在残酷现实中拼搏不已，又能在灾害、死亡来临时尊重自然法则而冷静面对。

对宇宙物质世界而言，太极是“理”，是自然存在的客观之理。太极的“理”就是叙述物质世界的“客观规律”。因为，自然界的一切物质存在，有人类也好，无人类也罢；人类理解也好，不理解也罢，物质界都照样在演进，地球照样在运转。人类只能老老实实地认识它，在极其有限的范围中去工作、求改善。

自西方文艺复兴始，近代科学、工业大步发展，尤其是在近100年来，汽车、飞机的出现，到“二战”末期的原子弹、后来的人造卫星、宇宙飞船，到今天电子通信、互联网等，可以将刚发生的信息在几秒钟内传遍世界每一个角落。尽管如此，人类对宇宙、自然的物质存在之“理”的掌握还仅只是九牛一毛。因为与宇宙相比，人类实在太渺小。事实如此，从大而言，人类的飞船、火箭能飞出太阳系吗？从小而言，人类能研究出蚂蚁、蚊子之类的种种生物的生命构造与其生理特征吗？而老祖宗留下的“太极哲学”，用“无极而太极”“分阴分阳，阳变阴合”等理论却能够包括宇宙物质世界的一切存在与变化的道理，人可以从轻重缓急来处理周边的事情，对物质世界，不主观，不盲从。所以说太极是“理”。

（二）太极是气

对生命而言，太极是“气”。宇宙是无限的，而人的生命却很有限，生命以“气”为根本，“气聚而生，气散即死”。

人活着，物质方面有一个重要标志是“气”，即呼吸，呼吸一旦停止，生命也告结束。但人的精神是生命的根本意义之所在。太极拳重“练气”，旨在培养人的精神境界，用太极拳专业术语，就是提升自身的“精、气、神”。

中国自古就有养气练功之说，在安静中以站桩或坐、卧的方式进行练习，呼吸与意识配合，达到内外合一、形神兼修、培养元气等目的，故也称“气功”，练太极拳也有这方面的“功能”。太极拳养气练习能使人祛病延年、体质改善。

早在2000多年前的先秦时期，有关养气方面的理论与技法就十分丰富。理论上有以下几点：

1. 吾善养吾浩然之气（孟子·公孙丑上）

人到中年，如果每日安排一定时间进行太极拳或气功练习，可以培养“浩然之气”。所谓的浩然之气，就是做人的“元气”或“正气”。它不仅是身体组织的物质分子，也表现在道德修养方面。正气，使人内心独立、强大，能应付一切变故，不管是自然界的或是人为的打击、迫害，即使生命大限来临也都能冷静面对。

2. **人以天地之气生**（难经·第八难）

气是一切生命的根本，植物需要空气，动物也需要空气，通过“气的交换”，即氧气与二氧化碳的代谢，人的生命才能维持。即使是胎儿，在母腹中也是依靠脐带的血液供给氧气才能孕育。胎儿出生的第一声哭喊，就是婴儿肺部呼吸空气的开始，从此直到生命终结，呼吸一直进行着，人死即“断气”❶。以上为气的物质层面的意义，其实更重要的还是在人的精神层面，人的意志，就是“气”。

3. **其为气也，至大至刚，以直养而无害，则塞于天地之间**（孟子·公孙丑上）

意志以“气”形式存在，人的一切行为都是听命于意志的。人生须不断修炼“气”，就是持续培养心中的“气”，练成坚定的意志，使之时刻能控制自己的言语与行动，直到死亡。

4. **其为气也，配义与道，无是，馁也**（孟子·公孙丑上）

“养气”须注重良知。良知，就是正义，就是道德。

气，既是物质的，更是精神、意志方面的载体，在中国传统文化中称“精、气、神”。精、气、神是人类特有的，人活在世界上，应该有一种“万物皆备于我”的精神。地球虽然有40多亿的年龄，但没有人类之前，是没有任何意义的，从猿猴到人，只有几百万年，然而，却产生如此丰富而伟大的意义。其中根本原因是人

❶人在没有氧气后，不到2分钟会死掉，因为大脑对氧气的需求量很高。

的精神、智慧与心理活动的结果。

人能感知，由感知产生表象、情感、抽象、逻辑思维、宗教信仰。这一切，都是精神层面的，是人生的根本意义，也是人对自己，对世界、宇宙、生命终极意义的认识。用太极哲学的理论可以概括为一个“气”字。

（三）“养气”治病

太极拳能养气，“养气”有治病与修身两大功效。先说治病：

从西医角度，生病都是有客观原因的，跟人的内心关系不大；中医则认为人体只要元气得到培养，身体就健康，病也能自然治愈。西医是科学的，但不管现代医学再发达，却不能使生命不死。反之，许多西医说的不治之症，经中医却能延缓死亡时间甚至治愈。

人的生命是一个从生到死的过程，人生百年如“白驹过隙”。少年，精力旺盛；青年，风华正茂；中年以后，体质渐渐趋向衰老，好比一辆老旧汽车，一个又一个毛病都渐渐出来。现代医学发达，可以查出你的病，也能用手术或药物来治病，但“真病无真药”，遇真病，即使你权力最大、金钱最多，也将必死无疑。人在死之前一般都会有一个“病”发生。小病可以医治，而大病就难治了。如果对元气进行调养，可能会延缓病情，甚至可延长到十年、二十年，如到了80岁死去也就算长寿。这里的关键是“养气”，即培养人体内在的精、气、神。反之，患有“真病”的人一味依靠西医的手术、药物医疗，往往会在很短时间内送命。上海的“于娟”

事件就是一例证。

于娟出生于1978年，山东人，获得两个硕士一个博士学位，上海复旦大学青年女教师，得病前一直是身体健康、精力旺盛、努力奋进的年轻人。

2009年12月27日，于娟被确诊患上了癌症，宛如晴天霹雳般震惊了这个家，她是家中的独女，考大学、读硕、读博、留学国外，知病前，刚刚回国参加工作才3个月，1岁多的儿子刚会叫妈妈，新生活才开始，难道就此戛然而止？而且，这病将这个美满之家瞬间击垮，所需药物是25000元一支的“注射药”，每21天就要注射一支；1万多元一盒的药丸，只够吃1个疗程14天……为了治病，家里为她卖掉了仅有的60平方米房子和父母在山东老家的房子，一家三口，借住在老公的姐姐家中，还有公公婆婆、于娟的爸爸，还在老家山东工作的妈妈只能断断续续来上海帮助。经过多方治疗，散尽钱财，却不见效果，于2011年4月19日凌晨三时辞世。从确诊病情到死去仅仅只有16个月时间。

如果于娟知道太极哲学，知道太极的周期规律，静下心来，一方面培养元气，练习气功或太极拳；另一方面丢开生或死的顾虑，以平淡的心理、坚强的毅力来享受平静安宁的余生，至少会把“死的恐怖”降低。人类有思想，即“心理”，对病会产生巨大影响，心情平静对治病非常重要。反之，恐怖焦虑则迅速加剧病症。因此，要培养元气、正气，以此战胜恐慌、烦恼，即使死亡到来，也有尊严与坦然。

太极拳、气功等治疗慢性病比较有效果，是从人体的内部自我调节入手的，通过简单动作，培养对人生的信心。用深长呼吸与宁静心境结合，渐渐上升到意念，使内心安宁，身心得到调理。每一次练拳都能远离复杂纷繁的生活情节，连同身体病症和死亡威胁，使生命回归初生婴儿一般，单纯而专一。同时适当地在饮食、睡眠、运动、学习等方面加以调整，严重的慢性病往往会得到治疗，甚至回到健康的状态，理由是元气充沛，内部机能得到修复。

（四）“养气”修身

修身：人到中年身体器官与机能开始走下坡路，最健康的人一般也过不了百岁。一般而论，25岁到40岁是体质最壮时期，然后慢慢退化变弱，过了60岁，体质方面衰退加速，精力方面出现萎靡不振。古人以60岁为一个“甲子”❶，现代社会以60岁作为退休界限，也是依照人的生理年龄而定的。

中老年人采用“养气”方式练习，可以延缓衰老，使体质改善并增强自信。“养气”另一个重要功能是“修身”，即在自我人格、境界方面得到提升。中年以上的人每天用一定时间进行气功或太极拳练习，非但能增强身体健康，更重要的是获得修身效果。

修身分两个层次：一是道德、知识、智慧等方面得到提升。二是增强意志，促进人自信、自强，养成拼搏、百折不挠的奋进精神，只要还有一口气，决不气馁、认输。

练习太极拳对中老年人而言，其重要的功能是培养精神与元

❶天干、地支，两两组合，一个周期60年，称“甲子”，过去中国人以此来计算年岁。

气，保持内心与外界、精神与肉体的平衡。在晚年体质衰退过程中，非常需要调整身体内环境系统的平衡与秩序。当今中国早已进入老龄社会，60岁以上者占总人口的30%。

退休之后的人，在居住温饱基本得到保障后，如心中没有一个奋斗目标，大脑就不肯去思考，变得懒惰，部分老人还患上痴呆症。反之，如经常练习太极拳，注意培养元气，就能得到“修身自强”、安度晚年的效果。

如何修身呢？答案是做到以下四个方面。

1. 自立

提升精神境界，保持自由思想与独立精神。如受到巨大打击，仍然保持内心平静，且不失上进的信心。如曾国藩言：“好汉打脱牙，和血吞。”外表不露声色，只要生命尚存，就须自强到底。

2. 真诚

对人对己均真诚对待，凡事实事求是，从内心尊重他人，就是“真诚”的重要方面。在利益荣誉前面，对自己的要求必须是最为严格，对他人则要尽量宽容，非到万不得已决不使用强硬办法。即便是亲生儿子，也不可以随便使用强硬手段。人际关系如果出现分歧，以拉开距离为好。以上都是从真诚之心出发的。

3. 勤勉

“天道酬勤”，人生须勤勉。生命像“陀螺”，须不断地鞭策。而且这个“鞭打”的动力要来自内心的真诚。勤勉分体力与脑力，老年人宜节制体力消耗，但脑力方面，如果出于“善”，则越动脑的老人越健康长寿。

4. 敬畏

与自然相比，人很渺小，应该要对宇宙、天地、他人敬畏。人终究会老，当老死来临，尤其在生命最后一段时间中，恐慌、无助、迷茫，求生的本能不断出现而痛苦万分。因此，需要建立一条通往“彼岸世界”的路，在彼岸找到已经故去的亲人，如父母、祖辈，这确是一件大好事，来世、天国就是人的终极关怀。平时存有敬畏，临终才能坦然、安宁。

（五）太极哲学的形成

“太极”一词最早出现在《易传·系辞》中，云：“易有太极，是生两仪，两仪生四象，四象生八卦，八卦定吉凶，吉凶生大业。”易经是3000多年前问世的，《易传》是战国到汉代之间陆续形成的，是解说易经的著述。这说明第一次出现“太极”这个名词的时间大约在公元前100年。在以后的1000多年，儒家学说中几乎没有人再次提到“太极”，只有在道家的书本中才有出现。太极成为一门哲学有其必然的原因，那就是佛教、道教对儒家的冲击、融合。

先说佛教、道教的发展

印度佛教大约在东汉时期传到中国，三国到唐朝建立的390多

年间，只有西晋、隋朝短暂的几十年的全国统一，大部分时间都处于南北分裂、军阀割据、战乱不断、民生艰难的境况中。佛教的轮回、悲悯、不杀、忍辱、负重、追求彼岸极乐世界的信仰在中国得到大发展，有很多帝王都深信佛教。

五胡十六国时期，后赵国主石勒（274—333年）在遇到和尚佛图澄❶后，改变了许多政治手段，佛图澄以佛的神通智慧理论教化石勒，使后赵百姓生活变得安定，佛法因而大行于中国北方，石勒当政的十几年间，在中国北方修建寺院达数百座，僧人剃度者数万众。

菩提达摩（生年不明—536年），南天竺人，为印度禅宗第二十八代祖师。公元520年航海来到广州，后到北魏，在河南嵩山少林寺住下，传授禅宗，成中国禅宗始祖，下传慧可、僧璨、道信，至五祖弘忍以下，分北宗神秀、南宗惠能两派。南宗以《楞伽经》《金刚经》《大乘起信论》为主要教义根据，代表作为《六祖坛经》，是中国最有影响力的佛教宗派，至今仍然声势浩大。

南朝梁武帝萧衍❷，他当梁朝皇帝之后，笃信佛学，尊崇佛

---

❶佛图澄，西域龟兹人。9岁在乌苌国出家，能诵经数十万言，善解文义，佛学高深。晋怀帝永嘉四年（310年）来到洛阳，时年已79岁。知见超群、学识渊博。永嘉六年二月石勒屯兵葛陂，准备南攻建业。佛图澄见石勒，劝他少行杀戮。当时将被杀戮的，十有八九而获免。石勒称帝，事澄甚笃，有事必咨而后行。赵建武十四年（348年）十二月八日卒于邺宫寺，年117岁。

❷萧衍（464—549年），南朝梁的开国皇帝，南兰陵中都里人（今常州市孟河镇）。原是南齐的官员。502年，齐和帝被迫“禅位”于萧衍，南梁建立。萧衍在位时间达48年，颇有政绩，萧衍统治时期，是南朝历史上最为稳定富足的几十年。

陀，立佛教为国教，公元527—547年，萧衍四次到同泰寺当和尚。在他主政40多年中，在各地大建寺庙，还组织盛会举行辩论，攻击无神论及其神灭论。

隋文帝杨坚是隋朝开国皇帝，他在公元581年即位之初就立即下令在全国推行佛教，计其一生所度僧尼达几十万人，修建寺院3000多所。

唐朝皇帝除武宗（841年）外，对佛教多采取保护政策。唐高祖李渊一生奉佛求福，即帝位后，更设十大德以统摄僧尼。唐太宗李世民则于玄奘大师西行求法归国后在慈恩寺组织大规模的译场，法相唯识宗也是在唐太宗的支持下得以创立。

女皇武则天更是崇信佛法，实行了一连串的佛教措施：开沙门的封爵赐紫，于寺院中设立悲田养病坊，开凿龙门石窟。对神秀和尚以大师的礼遇，使禅宗在唐朝大发展。

道教也是在两晋南北朝迅速发展的

道教创立于东汉末年，其标志是太平道、五斗米道的出现。在道教史上，两晋南北朝是一段重要的转折时期，在这个时期，道教由于门阀贵族阶级的改造，经历了一番重大的变革，从早期原始幼稚的五斗米道发展演变为完备成熟的宗教，从主要传播于民间的道团上升为官方承认的正统宗教，当时中国的南方，是道教发生变革的主要地区。

两晋南北朝时期经过葛洪、陆修静、陶洪景等人的全力改革，道教才能与佛教并列，势力相当。在唐代，道教被皇帝推崇，尽管当时的部分事件是出于某些政治需要考虑，但却将道教提升到“国教”的地位。尤其是唐玄宗李隆基（712—756年，当政44年），他是我国历史上有名的崇奉道教的皇帝。在他近半个世纪的统治中，自始至终信仰道教，从而把道教推向全盛时期。

从西晋到唐代，出现的道教人物有：

葛洪（283—363年），字稚川，号抱朴子。生于晋武帝太康四年（283年），他在35岁时完成《抱朴子》内篇及外篇等著作。内篇论述神仙药方、鬼怪变化、养生延年等仙道学说；外篇论述人间得失、人事经国治世方术等。《抱朴子》的主要观点就是神仙存在，人可以通过学仙修道而长生不死。葛洪的《抱朴子·内篇》的问世，在某种意义上说，是他站在上层道教的立场对早期道教做出的历史总结，充实了道教理论，对后世的道教发展影响很大。

寇谦之（365—448年），浙江吴兴人。北魏时期河南嵩山著名道士，他对“五斗米”道进行全面改造。将“天师”的世袭制改为推贤制度；改革下层民众向上缴纳粮税；废除“男女合气”“服食饵药”的道教陋习；采用佛教中的“生死轮回”说，纳入道教理念之中；吟诵道教经文时采用音乐伴奏。通过一系列的改革，使道教发生巨大革命，史称寇谦之为新天师道划时代人物，因为寇谦之在北朝，也称“北天师道”。另一位道教名人陆静修在南朝，称“南天师道”。

陆静修（406—477年），是南朝宋前期著名的道士。为了适应南朝门阀士族阶级的需要，陆修静对江南天师道组织进行整顿并与神仙道教融合，成为南朝道教的一代宗师，也成为奉持三洞经典为特征的新道教的大师，同时完善了道教斋醮仪式。他首先创立了在道教史上有深远影响的理论典籍分类方法，经典道书分为三洞（洞真、洞玄、洞神）、四辅（太玄、太平、太清、正一）七大部类。三洞四辅不仅是一种道书分类法，同时也包含着区分道经品级高低和排列道士阶级次序的依据。如修太清法仅能成仙，修灵宝者可以成真，修上清者可以成圣。陆修静主张儒、佛、道三教合流，认为斋醮是求道之本，然后复以礼拜，课以诵经，即能成道。宋文帝刘义隆闻其名，请他讲经说法。太后王氏更是向陆修静执门徒之礼。

陶弘景（456—536年），字通明，历经南朝的宋、齐、梁三个朝代。在当时称其为山中宰相，道门学者。南朝时期的达官显贵纷纷拜于其门下，足见他当时的显赫地位。陶弘景在实际研究操作中，将养生术、炼丹术和医药学用于实践，为道教上清派的最后形成奠定了基础。他将茅山（今江苏南部原句曲山）建成道教上清派的基地。所以上清派在后来也被称作茅山宗。以上清大洞真经为真经正传，供奉元始天尊为最高神，同时也研习灵宝、三皇及天师道经与法录。茅山派的形成标志着自葛洪以来江南士族道教徒以神仙道教改造旧天师道，创立官方化的正统道教。陶弘景还完善了道教的神仙体系，为神仙排定座次。其目的在于使修道者明白：超现实的仙人、真人、鬼神世界里也有明确的等级秩序。

在唐代前期，道教在理论建树的总体与精深方面，处于佛教下风。道教中的领军人物以道家老庄之学为本位，同时吸取儒、佛学中的义理精华，加以融会贯通，对自然宇宙、社会人生等方面的哲理问题提出了诸多新解释与新观念，形成新的道

教义理之学。

道教为了取得上层统治阶层的信赖与支持，也尽力满足他们的需要。自南北朝以来，形成世袭的特权阶层，他们总希望长期活下去，即使不能永生，也想长寿。道教为了迎合他们的精神生活和肉体生活的需求，向他们推销养生、服食、炼丹、房中术等内容。道教外丹教法在两晋到随唐盛行不衰，即得力于上层贵族特权阶层的信奉和支持。炼丹要耗资财、费人力，穷人不敢问津，中产人家也办不到，只有特权及大贵族对此有兴趣。晋室东渡以后，文化思想与政治局面，相互自为因果。社会不安与思想散漫，有百余年之久。外有佛教文化源源输入，所以无统一信仰某一宗教的习惯，内有道士神仙思想的普遍发展，促使中国文化中儒、道两家学术的再度混合，使新兴的宗教道教逐步定型。扩展到北朝社会，在政治上开始道、佛两教的互争雌雄，彼此争取宫廷及士大夫们的信仰以推行其教义，而促使此种情况流于表面化，一度导致两晋以来各派道士的各自为政，号召团结群力而增长斗争的力量，应推北魏时代最为强烈。此时领导道教的中坚人物，当推北魏朝的寇谦之。

道教、佛教、儒家三者鼎立，为了扩大各自的社会影响，争夺作为正宗思想文化的地位，儒、道与佛教之间的矛盾斗争愈加激化，三方展开唇枪舌战，互相攻击、辩论。尽管这样，但三方又总是能够彼此调和。原因在于三者都可以为封建士大夫所接受，能够被士大夫们兼容并举。

儒、道、佛三家此起彼伏，互相攻击。其实，三家思想各有优点，如果能够统合，就能形成完整的人生哲学。为此有很多学者做出努力，但都未能产生一个理想的结果。直到北宋，周敦颐将陈抟的道家“先天图”稍做修改，成为儒家的“太极图”，同时著有不到250字的《太极图说》（后面专门介绍此“说”），正是这一篇超短小文，描绘出“三教合一”的蓝图。从而揭开了中国哲学史崭新的序幕。

（六）宋明理学

宋明理学亦称“道学”或“理学”，是产生于宋代、完善于明代的哲学体系。“宋明理学”在继承先秦正统儒家学说思想的基础上，吸取道教的“宇宙自然观”、佛教的“人生命运观”，从根本上讲是“儒、道、佛”交融的哲学体系。

宋明理学是儒、释、道三教长期斗论和融合的果实，时间跨度长达1500多年，即从西汉董仲舒提出“独尊儒学”，到明代王阳明“心外无理”，才完成了中国人的哲学系统。

理学创立与建设是依靠一大批新儒家，周敦颐是开山人物，以下分为程朱理学和陆王心学两派。“程朱理学”的核心是“天理”说和“格物致知”论；“陆王心学”的核心是“心即理”“心外无物”和“知行合一”说，强调知和行都产生于心。程朱理学在南宋以后成为统治地位的官方哲学，陆王心学在明中期以后得到广泛传播。

新儒家，初创者有五人，史称“北宋五子”，即周敦颐、邵雍、张载、程颢、程颐。他们将先秦儒家，重点是孔孟思想发扬光大，提出以“太极”为纲领的“天理、良心”理念，并渐渐形成一个哲学体系。理学因各自的重点特征，分成四流派：濂学、关学、洛学、闽学，周敦颐号濂溪，叫“濂学”；张载在关中，号“关学”；程颢、程颐兄弟在洛阳，称“洛学”；朱熹在福建，名“闽学”。

宋明理学的重要人物有：

周敦颐（1017—1073年），字茂叔，号濂溪，北宋道州营道楼田堡（今湖南省道县）人。晚年定居庐山莲花峰下，以家乡营道之水流“濂溪”来命名屋前的小溪和书房，故人们称为濂溪先生。周敦颐历任南安军司理参军、虔州通判、知南康军等职。北宋理学大师程颢、程颐曾从其学。他精通《易》学，著有《太极图说》《通书》。《太极图说》吸取了道家的宇宙发生论，与《易传》理论结合建构起了儒家哲学的基本模式；《通书》则提出了儒家心性论、伦理学、工夫论等许多命题。周敦颐非常推崇孔子，他说：“道德高厚，教化无穷，实与天地参而四时同，其惟孔子乎。”他提出人与万物是由无极之真同阴阳、五行妙合、交感、化生而成。人为万物之灵，圣人据阴阳、五行之性，确定世界的基本法则，认为地球上万物各得其理，世界才会和谐。

邵雍（1011—1077年），北宋哲学家、易学家，有内圣外王之誉。字尧夫，谥号康节。创“先天学”，以为万物皆由“太极”演化而成。屡授官不赴。38岁迁居洛阳，与司马光等人从游甚密。邵雍少时刻苦自学，博览群书。史称：“自雄其才，慷慨欲树功名。于书无所不读，始为学，即坚苦刻厉，寒不炉，暑不扇，夜不就席者数年。”（《宋史·道学传》）邵雍一生不求功名，过着隐逸的生活。他勤于著书，著有《皇极经世》《先天图》《观物内外篇》《渔樵问对》《伊川击壤集》等书。其思想渊源于陈抟道家思想。熙宁十年（1077年）卒，享年67岁。哲宗元佑中赐谥康节。

张载（1020—1077年），字子厚，凤翔郿县（今陕西眉县）横渠镇人，北宋思想家、教育家，世称横渠先生。宋仁宗庆历元年（1041年），张载写成《边议九条》，向时任陕西经略范仲淹上书，范在延州（今延安）召见后，勉励在儒学上下功夫。张载听从劝告，经过十多年的攻读，终于悟出了儒、佛、道互补，逐渐建立起自己的学说体系。嘉祐二年（1057年），38岁的张载考取进士。后因反对王安石变法，辞官回到横渠。张载回到横渠后，依靠家中数百亩薄田生活，整日讲学读书。他著有《易说》《经学理窟》和作《砭愚》《订顽》训辞（即《东铭》《西铭》），书于大门两侧。熙宁十年（1077年）宋神宗召张载回京任同知太常职务（礼部副职）。不久患病便辞职西归。同年12月行至临潼，当晚住在馆舍，沐浴就寝，翌日晨与世长辞，享年58岁。

程颢（1032—1085年），字伯淳，世称明道先生，洛阳伊川人。北宋哲学家、教育家。嘉祐年间进士。提出“天者理也”和“只心便是天，尽之便知性”的命题。认为“天地万物之理，无独必有对”。元祐元年（1086年），宋哲宗即位，召其为宗正丞，未行而卒，享年54岁。

程颐（1033—1107年），字正叔，洛阳伊川人，世称伊川先生，思想家、教育家。为程颢之胞弟。元祐元年（1086年）除秘书省校书郎。与程颢共创“洛学”，同为理学奠定了基础。与其兄程

颢不但学术思想相同，而且教育思想基本一致，合称“二程”。二程一起创立了“天理”学说。程颢曾说过：“吾学虽有所受，‘天理’二字却是自家体贴出来。”二程在哲学上发挥了孟子至周敦颐的性理之学，建立了以“天理”为核心的理学体系。对后世有较大影响，南宋朱熹正是继承和发展了他们的学术思想。

朱熹（1130—1200年），号晦庵，晚年称晦翁，是理学的集大成者，尊称“朱子”。自小聪颖，19岁中进士，历经南宋高宗、孝宗、光宗、宁宗四朝，一生清白，贫困时多，然非分之财一文不取。承周敦颐与二程学说，将北宋开创的儒家新学说整理为“道学”，也称之为“理学”。朱熹的著作共25种，600余卷，总字数在2000万字。元代恢复科举后，朱学被定为科场程序，在明清两代被列为儒学正宗。在中国儒学史上，朱熹理学的作用和影响力仅次于孔子。朱子理学传到了朝鲜、日本，在日本一度形成朱子学热，影响颇大。

陆九渊（1139—1193年），号象山，字子静，江西抚州金溪人。因其曾在贵溪龙虎山建茅舍聚徒讲学，因其山形如象，世称象山先生，理学家、教育家，与朱熹齐名，史称“朱陆”。是宋明“心学”的开山人物。明代王阳明发展其学说，称“陆王学派”，对近代中国理学产生深远影响。陆九渊热心讲学授徒，向他求学者多达数千人。卒于绍熙四年。享年54岁。

王阳明（1472—1528年），本名王守仁，字伯安，浙江余姚人，哲学家、教育家，是继朱熹之后的另一位大儒，官至南京兵部尚书。陆王心学之集大成者，非但精通儒家、佛家、道家学说，而且能够统军征战，是全能大儒。著作有《王阳明全集》《传习录》《大学问》等。28岁时的他参加礼部会试，因考试出色，赐二甲进士第七人，观政工部。明武宗正德元年（1506年）冬，宦官刘瑾擅政，王守仁上书触怒刘瑾，被施廷杖四十，谪贬至贵州龙场（贵阳西北七十里，修文县治）当龙场驿驿丞。他对《大学》的中心思想有了新的领悟，认识到“圣人之道，吾性自足，向之求理于事物者误也”，史称龙场悟道。王守仁于54岁时，辞官回乡讲学，在绍兴、余姚一带创建书院，宣讲“王学”。嘉靖七年（1528年）十一月因肺病逝于江西大余县。临终之际，弟子问他有何遗言，他说：“光明此心，亦复何言!”

元代开始，中央政府实行以朱熹的《四书章句集注》为教本的科举考试，从此，新儒家学说被政府大力推广，直到清朝末年。新儒家思想是中国哲学的主体，可与西方哲学相提并论。在指导科学技术、自由民主方面，西方哲学比较先进；在人文、社会、伦理方面，新儒家具有优势，除中国以外，日本、韩国、新加坡等东亚国家的影响也非常深刻，韩国还将太极图作为国旗❶。

（七）《太极图说》

周敦颐的《太极图说》，文章短小精悍，只有248字，意义却石破天惊，成为新儒家思想的第一声“春雷”。

❶韩国国旗，中间有一个阴阳鱼，周边为乾坤坎离四个“卦”。

周敦颐的《太极图》

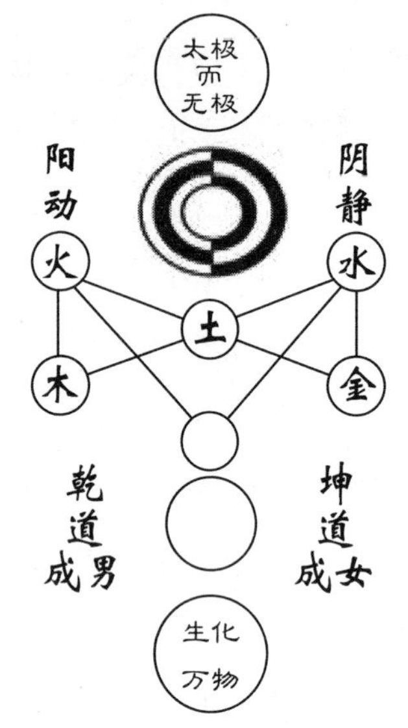

全文如下：

无极而太极，太极动而生阳，动极而静，静而生阴，静极复动，一动一静，互为其根。分阴分阳，两仪立焉。阳变阴合，而生水火金木土。五气顺布，四时行焉。

五行一阴阳也，阴阳一太极也。五行之生也，各一其性也。无极之真，二五之精，妙而合凝，乾道成男，坤道成女。二气交感，化生万物，万物生生，而变化无穷焉。

唯人也，得其秀而最灵。形既生矣，神发知矣，五性感动而善恶分，万事出矣，圣人定之以中正仁义而主静，立人极焉。

故圣人与天地合其德，日月合其明，四时合其序，鬼神合其凶吉。君子修之吉，小人悖之凶，故曰立天之道曰阴与阳，立地之道曰刚与柔，立人之道曰仁与义。又曰原始反终，故知死生之说，大哉易也，斯其至矣。

《太极图说》归纳起来为两个方面，即无与有、阴与阳。

首先说“无与有”，上文开头“无极而太极”五个字，解决了先秦儒家哲学问世以来的大难题，就是解决了“生与死”的问题。人的生命轨迹，就是一个从生到死的太极圈，如同太阳升起到降落。前半生，是早晨到中午，要努力拼搏，获得财产与地位；后半生，太阳在当空，你的太极图到中点，即年过半百，肉体器官开始衰退，就是宣告“有回归为无”的路程开始。你应该在物质利益方面不要过于计算，生活重点放在提升精神与学问方面。老年渐渐来临，太极圈轨迹缓缓接近终点，“无”将出现，应该以安宁、坦然的心情，接受从“有到无”的事实，在保持人格尊严中走完人生之路。

其次说“阴与阳”，就是阴阳平衡。宇宙中任何事物都是在阴阳两极运动、变化中存在与发展的。阴与阳就是矛与盾。有阴必有阳、有进必有退、有动必有静、有刚必有柔、有生必有死，以此类推，无穷无尽。因此，人，说话做事，都要考虑到阴阳平衡，即“太极”稳健，中庸之道。追求利益必须适可而止；遇到灾难，首先要安静下来，然后采用合理办法去解决或避开，人类的力量是有限的，回避不了，也只能冷静接受，保持内心的阴阳平衡是最好的结果。

无极，表示无、不存在；太极，表示有、存在。“有”，即物质或已经存在的事情。一切的“有”都是从虚无之中产生的，最终又回归到“无”，任何物体与生命无一例外。

每一个生命本身就是一个“太极”。生命从诞生始，经生长、成熟、老化，最终都要死去，这就是太极图显示的圆周线。

有生必有死，生命中每一秒钟都在运动、变化。人生100岁算是长寿者，如果以一秒一秒时间计算，100年时间大约是31亿1千万秒❶。孔子感叹：“子在川上曰：逝者如斯夫。”

人的生命在不断变化，同样每个人的内在心情也是在不断变化。顺利时，生命内部阴阳和谐，心理平衡，没有什么异常感觉；遇到困难、麻烦，如生病、天灾、人祸，内心的“太极”被破坏了，出现阴阳失衡，立即会感觉痛苦。针对痛苦，每人会用自己的意志、智慧去克服，解决问题之后，内部心中的“太极”又趋于平静，阴阳平衡。人的一生就是如此，心中的太极，都是在阴阳“破坏”与“平衡”的变化中度过。高兴与痛苦、得到与失去、胜利与失败，无数的矛盾此起彼伏，就是太极的阴阳在较量，阴阳两方如果有一方消失，另一方也就自动灭亡，“太极”就不存在，生命也停止。

五行，此名词最早出现是在《尚书》上，有2000多年的历史，为产生物质世界的五个元素。古代科学不发达，认为物质世界是由金、木、水、火、土五种元素组成。这五种元素相生、相克，产生

❶每年360天，每天24小时，一小时60分钟，一分钟60秒。每小时为3600秒乘以24小时，再乘上360天，得一年为3110万秒。（3600秒×24时×360天=31104000秒）一百岁的长寿者，大约是31亿1040万秒。

出无数的事物。五行是从阴阳两极中产生的，阴阳是支撑太极的基点，太极最终回归无极。

人，是万物之灵。但人类出现在地球上却是很晚的事，据科学推算地球至今已经有46亿年龄，在没有人类之前，就已经有无数种生命存在。大的比如恐龙❶，恐龙最早出现在地球上是2亿3千万年前的三叠纪，而灭绝时间大约是在6千5百万年前。恐龙支配全球陆地的生态系统超过1亿6千万年之久。自1889年南极洲发现恐龙化石后，接连在全球七大洲都有恐龙的化石出土。

人类的历史与恐龙相比，简直是芝麻比西瓜。从人类的祖先猿猴计算，至今还只有几百万年，人类能使用文字还只是5000年前的事。然而就是这五千年，地球发生了翻天覆地的变化。尤其是近200年，人类发明了轮船、汽车、飞机、宇宙飞船，过度开发了地球资源。尽管科学发达、工业发展，给人类的生活带来了极大方便，但同时也将人类的生活变得越来越不安全，情感上的忧愁与烦恼也丝毫没有减少，人与人之间、国家与国家之间的恩怨也没有丝毫减少。如果采用太极、阴阳的思想就不会发生负面的后果。

人类采用太极理念，追求阴阳平衡，在科学技术进步的同时，人类还将自己的灵魂进行磨炼，其中最要紧的是严格要求自己，用真诚对待一切，把对物质利益的追求、私人欲望控制在最低点。多奉献、少索取，吃亏不要太计较，低调做人，对他人的过错“点到

---

❶古生物学家通过对恐龙骨骼化石的研究，得知恐龙种类有很多，体形和习性相差也很大。个子大的有几十头大象加起来那么大；小的却跟一只狗差不多。就食性说，恐龙有温驯的素食者，即吃植物的恐龙，也有凶暴的吃动物的肉食类恐龙，还有荤素都吃的杂食性恐龙。

为止”，宽容待人。做到珍惜生命，努力学习，积极工作。不管生病或大灾大难降临，不恐慌，镇定对付，越是死亡临近，越能以宁静、淡定的心情去接受。

（八）“太极”之今用

朱熹在《语类·卷四十九》中云：“总天地万物之理，便是太极。”说的是普天之下，所有物体都是依据太极而存亡的。老子《道德经·二十五章》云：“有物混成，先天地生。寂兮寥兮，独立而不改，周行而不殆，可以为天地母。吾不知其名，故强字之曰‘道’。”这里的道就相当于“太极”。

就个人而言，太极即我“心”，即人的内心思想。每一个人来到这个地球上，都有自己的意志，也就是个人的思想取向。从出生到2岁，个人的内在意识从迷茫状态中渐渐清晰起来，到3岁以后，就开始表现出独立意志。成年人的一切言行都以自己的“意志”来支配，即以“内心喜好与厌恶”决定言行，也就是“性格”或“脾气”。人，一旦失去意志自由就会痛苦，除非是脑子出了问题、失去正常思维的人。

宇宙是无限的、人的思想也是无限的，世上只有这二个是“无限”的。而有形的物体或有生命的东西总是有限的，人生不过百年，以有限的生命对无限的“思想”，自然会产生出无数的矛盾，其中“生与死”是所有矛盾中的核心矛盾。

在科学不发达的时代，人们总希望长生不老，秦始皇、汉武帝、唐太宗等英明强势的帝王，都在晚年陷入追求不死的泥潭。在现代，由于科学高度发达，人们对长生不老已经不再企望，但对如何延长生命，保持年轻姿色的人还是趋之若鹜，养生类的、化妆类的药物生意兴隆。然而世界上没有不老、不死的生命，肉体器官在中年之后便开始“下滑”，并且随年龄增大，下滑加速，最终死去。届时，你即使金钱最多、权力至高、聪明绝顶，也逃脱不了“死去”的结局。

相对于肉体生命，在精神、思想方面，中年之后的人，只要有意志，愿意学习，即使到了80岁，还能创造出优秀成果。古今中外就有许多人物在耄耋之年，还写出深刻的学术、思想、文学方面的传世大作，在中国如张中行❶、钱穆❷、冯友兰等人；在外国的如怀特海❸、托尔斯泰❹、爱因斯坦❺等都是例证。这些伟大的人物都是

❶张中行（1909—2006年）出生于河北香河，1931年张考入北京大学中文系。1949年以后，张中行任职于人民教育出版社，退休后，80岁左右“暴得大名”，人称“文坛老旋风”，著有《负暄琐话》《负暄续话》《负暄三话》《月旦集》《禅外说禅》《顺生论》《流年碎影》，多为回顾旧人旧事，领悟人生哲理。

❷钱穆（1895—1990年），江苏省无锡人，字宾四。历任燕京、北京、清华、四川、齐鲁、西南联大等大学教授。1949年迁居香港，创办了新亚书院，1967年移居台北，著作颇多。

❸怀特海（1861—1947年）英国数学家、哲学家。他出生于英国的肯特郡，1880年考入剑桥大学三一学院，主攻数学。毕业后留校任教。1924年退休后，应聘到美国哈佛大学任哲学教授，写出大量著名的哲学著作。

❹托尔斯泰（1828—1910年），俄国作家、思想家，是世界文学史上最杰出的作家之一，被称颂为具有“最清醒的现实主义”。主要作品有长篇小说《战争与和平》《安娜·卡列尼娜》《复活》。

❺爱因斯坦（1879—1955年）德国犹太裔物理学家、思想家、哲学家，获得1921年诺贝尔物理学奖。他创立了代表现代科学的相对论，为核能开发奠定了理论基础，是自伽利略、牛顿以来最伟大的科学家。

遵循自然规律，做到“天行健”。用太极理论来说就是在老朽之年龄，仍然能做到自己内心世界的阴阳平衡。

“太极”是古老的哲学，在今天仍然能给人以智慧，这种智慧可概括为五个方面，即：一心、二端、三界、四时、五行。

一心：内心保持高度统一。

人的肉体生命只是一个载体，而大脑思想是根本。中国人称大脑思想为“心”，即“太极”。保持内心的平衡与统一，是每一个人活在世上首先要做的大事。不管发生多大的事，都应该让心丝毫不乱，也就是让“太极”正常运转。绝不可以因为遇到灾难而使太极阴阳失衡。

二端：即阴阳平衡。

太极由阴阳组成。阴与阳既是相互对立，又是相互依存。生命质量的根本在于阴阳平衡。阴阳具体到事情中就有无数个概念，如生死、刚柔、动静、多少、大小、乐悲、得失、进退、善恶、爱恨等，无穷无尽。生活中采用太极原理，不断地对阴阳进行平衡，阴平阳秘，万事大吉。在任何时间、任何地点，都能用阴阳变化与平衡的原则来处理一切问题。

三界：人有三个“世界”。

即内心世界、物质世界和理想世界。内心世界就是个人思想、意念；物质世界是包括自己身体、衣食住行的生活资料以及财产、地位等的现实世界；理想世界就是人的美好希望。所有的人都是在希望中生活的，“明天总是美好的”，一旦生存希望全部破灭，自杀都是可能的。太极哲学就是要求把三个“世界”的关系处理好，即保持内心世界安宁、在物质世界中努力奋斗和心中总是保持一个理想世界。

四时：人生四个时间段。

地球绕太阳公转一周为一年，产生春、夏、秋、冬四季变化，也称“四时”。按“阴阳”说：春为小阳，夏为老阳，秋为少阴，冬为老阴，四时移动成一“太极圈”。如人生设为80岁，从出生到死亡走完一个“太极圈”，即生命周期。将“太极圈”分四部分，各部分为20年。具体分为：出生到20岁为成长期，21到40岁为创业期，41到60岁为守成期，61到80岁为老死期。从生到死，应该做到各有所重，既要遵照客观规律，又应在精神上永远向上。如能掌握“太极哲学”，就可以在生命的四个阶段过有质量的生活。

五行：落实在行动上就是“五行”。

这里的五行不是“金木水火土”，而是诚、健、通、宁、智。

诚：即真诚。对己、对人都要真诚。不回避坏、恶的消息，不夸大好、美的事情，在感情与物质方面都应该做到真诚。

健：在身体健康问题上须用科学的态度与方法，包括身、心两者，一方面要学习、利用科学知识，另一方面要保持一颗平静的心。

通：通透宇宙与人生之迷，把人的“心、性、气、理”学习明白，走好生命之路。

宁：内心安宁、祥和。遇失落、灾难、溃败时保持自信心；在成功时注意低调做人。培养正气，最终落实在内心就是宁静。

智：努力学习、勤于思考，才能不断增加智慧。智慧能提升生命质量，苦难需要智慧来解决。

做到上述的五个方面，就是太极哲学在现实中的应用。

二、太极技理

中国武术大约在宋代中期形成拳种流派。经元、明到清代后半叶，达到全盛期，出现了八卦掌、形意拳、太极拳等，与之前诸多拳种相比，这些拳种背后有了许多哲学理论的研究。凡是优秀的拳术都应该有高超的技术与透彻的哲理作为支撑，太极拳具备这一要求。太极拳在理论上依托宋明理学，结合易经、黄帝内经等，运用八卦、五行、经络等古典理论来指导技术教学，并将儒家、道家、佛学的思想融合在武术教学中，把格斗技能的学习与培养良好的人格结合起来。这是“由术进道”的转变，也是中国武术的重大价值所在。

以下为太极拳部分技术与理论。

（一）《王宗岳太极拳论》

《王宗岳太极拳论》是运用周敦颐的《太极图说》，并结合太极拳的运动特点，而写成精辟的拳论，是太极拳理论的源头之一。

全文：

太极者，无极而生，动静之机，阴阳之母也。动之则分，静之则合。无过不及，随曲就伸。人刚我柔谓之走，我顺人背谓之黏。动急则急应，动缓则缓随。虽变化万端，而理唯一贯。由着熟而渐悟懂劲，由懂劲而阶及神明。然非用力之久，不能豁然贯通焉！

虚领顶劲，气沉丹田；不偏不倚，忽隐忽现。左重则左虚，右重则右杳。仰之则弥高，俯之则弥深。进之则愈长，退之则愈促。一羽不能加，蝇虫不能落。人不知我，我独知人。英雄所向无敌，盖皆由此而及也。

斯技旁门甚多，虽势有区别，概不外壮欺弱，慢让快耳！有力打无力，手慢让手快，是皆先天自然之能，非关学力而有为也！察四两拨千斤之句，显非力胜；观耄耋能御众之形，快何能为？

立如秤准，活似车轮。偏沉则随，双重则滞。每见数年纯功，不能运化者，率皆自为人制，双重之病未悟耳。

欲避此病，须知阴阳：黏即是走，走即是黏；阳不离阴，阴不离阳；阴阳相济，方为懂劲。懂劲后愈练愈精，默识揣摩，渐至从心所欲。

本是舍己从人，多误舍近求远。所谓差之毫厘，谬之千里，学者不可不详辨焉！是为论。

以下解说全文：

1. **太极者，无极而生，阴阳之母也。动之则分，静之则合。**

周敦颐在《太极图说》中言：“无极而太极，太极动而生

阳，动极而静；静而生阴，静极复动。一动一静，互为其根。分阴分阳，两仪立焉。”根据周的理论，王宗岳认为人的生命就是一个太极，这个太极是无中生有，最终生命又回归到无。生命是在阴阳结合、变化中存在的。如何使阴阳变化比较合理，不超出“太极”的可控范围是最重要的，一旦太极失去对阴阳的控制，生命就危险了。

太极是一个混圆体，包含阴阳两气。运动时这个混圆体会发生变化，分出阴与阳，此即“动之则分”。静时还原成混圆体，阴阳成平衡状。此时，太极内部运动相对静止，所以叫“静之则合”。

2.“无过不及，随屈就伸”

在与对手较量中做到不顶不丢。对方进一寸，我方退一寸；对方退一分，我方进一分。双手与对方皮肤接触是轻微粘连状，既没有“顶”的硬力，也没有与其脱离的空间，否则就会变成“丢”。推手要根据对方情况而变化，我方处处主动，屈伸进退，都要随对方的动作而采取合理应对，不可大意、粗暴或盲目运动。人曲我伸，人伸我曲，始终与对方粘连黏随，绝对不出现过火的动作。

3. 人刚我柔谓之走，我顺人背谓之黏。

交手时，不与对手死打硬拼，时时处处做到“柔中寓刚”“刚柔相济”。对方以刚猛之力打过来，我不以刚力去对抗，而是用“引进落空”或者“借力反击”的方法，轻松制服对方。所谓“黏”，是我的手粘连在对方身体或手上；所谓“走”，是将对方攻击化解，使对方攻击落空。黏与走都是高级的徒手格斗技术，都需要具备柔劲，即以柔为主、柔中寓刚的技巧。

太极推手时要求身心放松，10个手指则非常灵巧，在长期的推手练习中，逐渐掌握一股“柔劲”。同时还要知道单纯的柔是不够的，当反击时还必须拥有足够的瞬间爆发力，否则对方是绝对不肯服输的。

4. **动急则急应，动缓则缓随。虽变化万端，而理唯一贯。**

对方快速进攻，我方随时应战；对方放慢速度，我方也缓缓对付，一切因敌而变。在交手初期，不可冒进，应积蓄力量，等待时机，让对方先进攻。对方的进攻肯定要撤回，此过程最容易出现松懈或漏洞，此时反击是绝好机会。人与人的战斗就是双方比力量、比智慧的场合，往往是在瞬间决定胜负的。太极拳表面缓慢柔和，该用力时却非常迅速，此叫“发劲”。在术语里称“彼微动，己先动”，只有如此，才能掌握推手比试的主动权，达到制人而不为人所制的目的。

太极拳的动作丰富，演练起来千变万化，手法、步法动作，粘走相生。身法变化灵活，急应缓随。但虚领顶劲、气沉丹田、中正灵活等道理是一贯的。

5. **由着熟而渐悟懂劲，由懂劲而阶及神明。**

太极拳功夫分三个层面：着熟、懂劲、神明。

着熟，是太极拳学习的第一阶段。

着，就是每个招式，即动作架势、打法、拳法、腿法，一举一

动，都应该合乎规矩，清清楚楚。熟，正确掌握动作要领，反复练习，达到熟练。

前人教练太极拳的第一步，就是让学习者正确掌握每一动作的用法和变化，绝对不可以盲目瞎练，没有规矩，不成方圆。太极拳套路是由各个不同的“势”连贯组成，每一“势”都有它的攻防意义，通过动作演练表达出来。整套动作连贯起来，变化运动，错综互用。不讲究技击方法的太极拳套路，演练起来就像体操、舞蹈，失去了武术的价值。

练太极拳推手时，首先须掌握身法是否中正，手法与步法是否协调、连贯，身体动作是否与呼吸配合。然后与对方进行比试，比试重点要看能否将对方引进落空，能否运用“化劲”发动反攻，能否在刹那间“发劲”，使对方措手不及。只有在推手较量中不断检验每个动作的变化，才能渐渐掌握正确的推手技术，最终达到“着熟”标准。

懂劲，是太极拳学习的第二阶段。

动作练熟之后，讲究动作过程的劲力正确运用，何时用柔？何时用刚？用心去思辨，来不得半点马虎。通过长时间的教学与练习，逐渐悟出动作过程的黏随、刚柔、虚实、轻重等各种变化，以及如何能够做到屈中求直、避实击虚；如何能够运用粘连黏随、蓄而后发。掌握这些技术之后才进入懂劲阶段。

懂劲，需要做到两方面。一是练习套路时要仔细琢磨手法的变化过程；二是从推手实践中体悟，特别是防守反攻中如何出手才能轻松制服对方。如果只练拳套不练推手，真正懂劲是不可能的。想象出来的懂劲，一接触实际就行不通了。如果都是一个人在苦思冥想、练习摸索，即使你觉得是最好的运劲、最好的招法，在推手比试中也会失败。因为你练习的方法是脱离实际，成了空中楼阁。一味个人的套路练习会让技术空洞化，不着边际，练得最苦也是无法达到“懂劲”阶段的。

懂劲的过程是漫长的，除了有好老师以外，自己还应善于思考。而且须经常参加推手实践，找众多的对手练习，从两人推手比试中不断纠正错误，如此才能做到“懂劲”。懂劲之后，威胁对方的动作必然会增多，“发劲”的威力也就越来越大。

阶及神明，即进入第三阶段，也就是太极拳技术的最高阶段。

“阶及”，指上了台阶；“神明”即随心所欲，神妙莫测。太极拳技术到达这一阶段，身心配合形成条件反射，外表没有固定的形状，时时处处都是依据对方的动作变化而变化，可以在刹那之间，将对手击倒或制服。在练习套路时，则身法与手、足配合得体，形神合一，惟妙惟肖。

6. 然非用力之久，不能豁然贯通焉！

“用力之久”，指专心致志地钻研、练习太极拳，投入大量时间，流下很多汗水。“豁然贯通”指突然悟到了真谛。天底下任何事业或学问，不经过长期勤苦的磨炼，是不可能豁然贯通的。太极拳武术也不例外，只有长年坚持练习、钻研技术，深入思考太极哲理，才能够彻悟太极拳“真谛”。

7. 虚领顶劲，气沉丹田；不偏不倚，忽隐忽现。

“虚领顶劲”，头顶“百会”穴轻轻领起，有一种往天空升起

的感觉。如此，人体便感觉轻灵，反应敏捷，其原理是大脑中枢神经在安静中提起精神。

气沉丹田，一是将大脑意识落实在腹部丹田位置。二是指腹式呼吸，吸气时小腹内收，膈肌自然上升，胃部隆起，肺部扩张；呼气时小腹向外凸出，膈肌自然下降，胃部、胸廓自然回归原位。如果用平常人的顺式胸腔呼吸，对练拳是有妨碍的，因为腹式呼吸是呼气长，将肺部的二氧化碳最大量地排出体外，所以在运动量增加时呼吸不会显得忙乱快速，这对心理平静也有一定的作用。

不偏，练拳时身体姿势不可以出现歪斜，定型时不可失去中正。在神态上要做到轻松、自然、中正。

不倚，练拳过程保持身体平衡，处处显示中正安舒，灵活主动。动作用劲准确，恰如其分，不丢不顶，力点准确。

忽隐忽现，动作过程主动性强，运劲、化劲、发劲都能随心所欲，忽轻忽重、似有似无，变化多端。用在推手上，迫使对方步步被动，顾此失彼，迅速被我制服。

8. 左重则左虚，右重则右杳。仰之则弥高，俯之则弥深。进之则愈长，退之则愈促。

“杳”，不可捉摸。“左重则左虚，右重则右杳”此10个字表示用虚灵变化的实战技术，当对方从左侧用力向我攻击时，我左方成虚空状而化解，不与对方硬顶，得引进落空效果；如果对方从右方向我重击，则我右方变空虚，使对方的重力攻击，因失去目标而落空。

“弥”即“更加”。对方往上方进攻我头部，我手粘对方向更高处引伸，对方必向高处冲去，其两脚跟自然浮起，产生凌空失重感觉，此时正是我方反击的好机会；当对方往下方向我躯体进攻，我则后引，用手粘着对方向更低方向引伸，使对方重心向下方倾斜，产生摇摇欲坠感觉，我方只要稍微按压对方，对方便倒地；当对方向前方进击，我方加力使其继续前进而落空；对方发觉不妙，采取退却，我方乘机紧逼，使之陷入无路可逃的困境。这几种战术都是顺对方的攻势，使对方陷入被动挨打。

9. **一羽不能加，蝇虫不能落。人不知我，我独知人。英雄所向无敌，盖皆由此而及也。**

技术达到“神明”时，皮肤触觉、重心平衡等的灵敏度变得极高，做到一枚羽毛、一只蚊蝇触及肌肤就能感觉得到，并且立即行动应付袭击。在攻防对抗中，做到人不知我，我独知人，并采用声东击西、变化多端的方法，使对方处处被动，我方始终掌控战斗的主动权。此等水平即是到达神明阶段，就可以“无敌于天下”。然而，“阶及神明”的技术水平必须是长期严格训练才能成就的。

10. **斯技旁门甚多，虽势有区别，概不外壮欺弱，慢让快耳！有力打无力，手慢让手快，是皆先天自然之能，非关学力而有为也。**

中国的拳术门派繁多，各类拳术虽然风格不大相同，在技术特点、姿势礼节、演练特征等方面都不大一样，但概括起来，总不外乎是追求力量大、速度快、出手狠，力大者打力小者，出手快速者打击迟钝者。所有这些现象，都是建立在人先天赋有的本能之上，

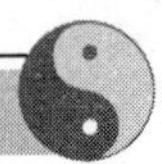

都不是通过教学训练出来的结果。

11. 察四两拨千斤之句，显非力胜；观耄耋能御众之形，快何能为？

太极拳显然与其他拳术不同，它不强调先天力量，我们从《打手歌》的“四两拨千斤”来看，就是指不可追求用强硬方法或蛮力来战胜他人；在太极拳高手中，可以看到白发老人，从容地应付众多强汉的围攻，并轻松取胜，这说明在掌握太极拳技术的人看来，“速度快”“力量大”对太极拳而言不是最重要的目标。

12. 立如秤准，活如车轮。偏沉则随，双重则滞。每见数年纯功，不能运化者，率皆自为人制，双重之病未悟耳。

立身中正，始终保持重心稳定，对身体平衡要像“秤准”一样灵敏；动作圆活如同车轮一般，受到他人攻击，能立即把对手抛摔出去；无论对方的力量多强大，我都能粘连、走化，绝不与对方强硬顶抗。我双脚灵活变换重心，始终是一脚支持身体，这叫作“偏沉”，能“偏沉”，就能灵活化解对方的进攻，使对方有力也用不上。如果双脚同时负担人体重力，步法就会死板，此叫“双重”，动作便呆滞，变化必迟钝，“双重”现象应尽量避免。

常见有些人，勤学苦练太极拳多年，却没有学到真功夫，没有很好地掌握“懂劲”及“黏、随、走、化”技术，在推手中非但不能制服对方，反而被对方所控制。追究其中原因，大都是犯了用硬力顶抗、死拼蛮打的错误；或者是犯“双重”毛病，移动不灵活而被打，且失败之后还不明白其中的原因，实在可悲。

13. 欲避此病，须知阴阳：黏即是走，走即是黏；阳不离阴，阴不离阳；阴阳相济，方为懂劲。

想要避免“硬力顶抗”的毛病，就要正确理解太极拳的阴阳变化原理。阴指静、柔、虚、轻、和合、蓄势、吸气等；阳指动、刚、实、重、开放、发劲、呼气等。黏贴对方，因势利导，一边逼迫对方，一边随时走化，做到“黏也是走”；在走化中不丢不顶，随时将对方的运动方向改变，为我所用，所以“走也是黏”。我方主动，双手控制对方，开合随意，开中有合，合中有开；用劲有虚有实，虚中有实，实中有虚；这样一来对方就处处被动，顾此失彼，不知所措，最终被我降服。高级技术必须时刻做到阳刚不离阴柔、阴柔连接阳刚。有阴有阳，有虚有实，有柔有刚，阴阳相济，虚实互变，如此才算是达到懂劲水平。

14. 懂劲后愈练愈精，默识揣摩，渐至从心所欲。

懂劲以后，还需要继续努力，使技术进入“神明”阶段。太极拳是无止境的，要使技术细巧精密，就必须不断实践、思考、分析，在深度默想琢磨中悟出道理。不断努力，学思并用，最终达到从心所欲、出神入化的水平。

15. 本是舍己从人，多误舍近求远。所谓差之毫厘，谬之千里，学者不可不详辨焉！是为论。

太极拳本来是舍己从人的拳法，即顺应客观自然规律，外表绝不强势，时时处处低调柔和。对方发起进攻，我方粘连着他，不丢不顶，随敌变化，待敌出现失势破绽，迅速出手，逼其投降。一般

人多用强硬对付强硬，结果双方都白白消耗力量，此是舍近求远的笨办法。“差之毫厘，谬之千里”，学习太极拳的人要好好思考，详细辨别其中的道理。

（二）《武禹襄太极拳解》

武禹襄初学太极拳大约在1850年前后。当时，同乡杨露禅❶自河南温县陈家沟学拳返乡，禹襄兄弟跟随杨氏学习陈式老架太极拳。1852年，武禹襄一人到河南温县，向赵堡镇的陈青萍学习陈式新架太极二路，大约一月余。归途经过长兄武澄清任职处留宿几日，得到一册王宗岳的《太极拳谱》，读后深受启迪。于是用易经理论分析、钻研太极拳，将陈式新、老架式进行比较，结合《太极拳谱》中的原理，融汇贯通，创出姿势紧凑、架子较高、身法端正、步法轻灵、沉气内转、以气成式的太极拳式。此式与陈式、杨式的架子均不相同，自成一派，称之为“武式太极拳”。武禹襄在不断研究拳法的过程中，写出多篇拳理文章，以下介绍他的《太极拳解》。

原文：

身虽动，心贵静；气须敛，神宜舒。心为令，气为旗；神为主帅，身为驱使。刻刻留意，方有所得。先在心，后在身。在身，则

---

❶杨露禅，1799—1872年，河北永年人，杨式太极拳创始人。家穷，小时到陈家沟为人做长工，干粗活，空闲时师从陈长兴学习陈氏太极拳。由于勤奋研习，技术进展神速，中年到北京教达官贵人太极拳，名声大振。

不知手之舞之，足之蹈之，所谓一气呵成、舍己从人、引进落空、四两拨千斤也。

须知：一动无有不动，一静无有不静。视动犹静，视静犹动。内固精神，外示安逸。须要从人，不要由己。从人则活，由己则滞。尚气者无力，养气者纯刚。

彼不动，己不动；彼微动，己先动。以己依人，务要知己，乃能随转随接；以己黏人，必须知人，乃能不后不先。

精神能提得起，则无迟重之虞；黏依能跟得灵，方见落空之妙。往复须分阴阳，进退须有转合。机由己发，力从人借。发劲须上下相随，乃能一往无敌；立身须中正不偏，方能八面支撑。静如山岳，动若江河。迈步如临渊，运劲如抽丝。蓄劲如张弓，发劲如放箭。行气如九曲珠，无微不到；运劲如百炼钢，何坚不摧。形如搏兔之鹘，神似捕鼠之猫。曲中求直，蓄而后发。收即是放，连而不断。极柔软，然后能极坚刚；能黏依，然后能灵活。气以直养而无害，劲以曲蓄而有余。渐到物来顺应，是亦知止能得矣！

以下解说全文：

1. 身虽动，心贵静。气须敛，神宜舒。心为令，气为旗；神为主帅，身为驱使。刻刻留意，方有所得。

练拳时，身体虽然在动作，但内心须保持绝对宁静，以静为贵。意气要收敛，精神应舒展。心中坦然、意气轻灵。用精神来指挥整个身体与手足。时刻留心注意周边的动静，明察秋毫，如此练习才会有所收获。

2. 先在心，后在身。在身，则不知手之舞之，足之蹈之，所谓一气呵成、舍己从人、引进落空、四两拨千斤也。

演练太极拳，先须注重内心的变化，然后才是身体四肢的动作，不可反之。如果注意力只在身体，那么手、脚的动作就不可能正确无误。也不可能做到一气呵成、舍己从人、引进落空、四两拨千斤等技术。

3. 须知：一动无有不动，一静无有不静。视动犹静，视静犹动。内固精神，外示安逸。须要从人，不要由己。从人则活，由己则滞。尚气者无力，养气者纯刚。

做到全身上下一致，形成整体的力量，一处动、全身动，一处静、全身静。动中有静，静中有动。内心意志坚定，外形安宁舒畅。与人交手时，表面处处随对方走，看不出有勉强用力的样子。利用对方的力量来借力还击，能如此就能主动灵活，就能掌握主动权。反之，用自己的强力迫使对方，势必会出现强硬抵抗，这样就显得野蛮。意气用事是无能力的表现，心中保持宁静，有一股正气，坚不可摧。

4. 彼不动，己不动；彼微动，己先动。以己依人，务要知己，乃能随转随接；以己黏人，必须知人，乃能不后不先。

对方没进攻时，我保持安然宁静；对方只要发起进攻，就在其动作之前进行打击。做到内心警惕、主动，表面上我随敌人，实际是利用敌人行动中产生的错误，进行更大的打击。把自己变得柔和，黏在对方身体之上，刺探对方的意图与用力方向和分量，然后借力还击，即利用对方进攻中出现的错误准确反击。

5. 精神能提得起，则无迟重之虞；黏依能跟得灵，方见落空之妙。

交手过程中始终保持充沛精神，注意重心移动变换，杜绝双脚支撑重心、呆滞挨打的困局；我方黏住对方，依照对方的力量行动，做到敏捷灵巧，那么“引进落空”“借力打力”等也就能水到渠成。

6. 往复须分阴阳，进退须有转合。机由己发，力从人借。发劲须上下相随，乃能一往无敌；立身须中正不偏，方能八面支撑。静如山岳，动若江河。

动作的一放一收都须有阴阳变化，步法的一进一退都应该主动转合。每次打击的机率都由我方主动发起，而且都是借对方之力来反击对方。凡是发劲都须是全身整体、上下一致的瞬间力，如此就能所向无敌；运动完毕须迅速收回，保持立身中正、虚领顶劲，如此就显得稳定，八面支撑。要做到安静时稳如泰山，运动时如江河咆哮。

7. 迈步如临渊，运劲如抽丝。蓄劲如张弓，发劲如放箭。行气如九曲珠，无微不到；运劲如百炼钢，何坚不摧。形如搏兔之鹘，神似捕鼠之猫。

步法移动须谨慎，如临深渊；劲力运行要柔要长，如抽蚕丝；准备打击对方之前，劲力如张圆的强弓；还击的一刹那如放箭一般迅速。运动中意气充盈，如九曲珠一般落实到体内每一微小处；向对方发起反击，须有钢铁般的力量，快速摧垮敌人。外表形态犹如准备搏击兔子的鹘鹰；精神形态，就像静候着准备捕鼠的灵猫。

8. **曲中求直，蓄而后发。收即是放，连而不断。极柔软，然后能极坚刚；能黏依，然后能灵活。**

动作不能直来直去，应该走曲线、圆圈，在曲线中求直击的力量。曲线能保持含蓄，含蓄才能产生强劲的攻击力。收回双手的一刹那，就是攻击对方的开始，收与放、守与攻都是环环相扣、连绵不断的。只有做到极柔软，才能产生极刚坚的爆发力；时时黏贴对方、百依百顺，才能找到敌人瞬间的微小失误，利用失误才可以发起致命的反击。

9. **气以直养而无害，劲以曲蓄而有余。渐到物来顺应，是亦知止能得矣！**

要在内心培养远大志向，培养至刚至大、诚实公正的性格，同时要注意个人修养，丝毫不可有霸气。真功夫需要长期深入研究，在专心苦练中渐渐掌握本领。太极拳不主动攻击他人，但须能应付任何袭击，并且还击能够恰如其分、适可而止，即制服对方的同时又没有造成严重伤害。

（三）《行气玉佩铭》

早在春秋战国时期，中国人就对养生有所研究，从出土的先秦时期的许多文物中可以找到关于“导引”“吐纳”“行气”等练习方法。现代称呼为“气功”，就是通过静态或简单的动作练习，重点在呼吸与心境方面进行训练。三国时期的名医华陀创编的“五禽戏”流传很广，比华陀更早的养生方式还有许多。

下面介绍战国时期的《行气玉佩铭》，此物是1953年天津博物馆从民间征收得到的，据专家鉴定为战国时期的文物。

《行气玉佩铭》为玉质，外型有十二角、内形是圆柱形空间。原来用途是套入手杖柄上的装饰物。高5.3厘米、宽3.5厘米，有12个平面，每一平面刻有3～4字，共45字。内容是关于如何练习“行气”，达到养生的目的。

全文：

行气，深则蓄，蓄则伸，伸则下，下则定，定则固，固则萌，萌则长，长则复，复则天。天机舂在上，地机舂在下。顺则生，逆则死。

以下解说全文：

1. 行气。

练习养气。

2. 深则蓄。

须细长呼吸，有深度。有了深度就可以在肺部做到最彻底的氧气与二氧化碳的交换，从而达到积蓄“元气”的效果。

3. 蓄则伸。

只有做到深呼吸才能积蓄元气在丹田，然后由丹田向身体、头部、四肢扩散，将“精、气、神”运行到全身每一个地方。

4. 伸则下。

然后丹田在呼气时，通过两腿向下到脚底的“涌泉”穴，并有一直行气至地下的意念。

5. 下则定。

下接地气后才能滋阴固本，内心感到沉着、淡定。

6. 定则固。

内心淡定，人的意境宁静，会产生充实感觉，内心充实，“精、气、神”源源不断地从“地心”吸取，足底与大地连接，有“稳如泰山”的感觉。

7. 固则萌。

然后将地气吸入到丹田，行气向上，像春天的草木萌发生机，使“元气萌发”。

8. 萌则长。

萌发元气，并渐渐增长。

9. 长则复。

元气增长，全身充沛，使人心旷神怡，精神焕发。

10. **复则天**。

元气继续向上，直达九霄云外，采集阳气之精华。

11. **天机春在上**。

人的生命是天地阴阳结合、平衡的产物，天机即“阳气”，精、气、神之源头，取自天上阳气之精华。

12. **地机春在下**。

有了阳气还必须得到大地的“滋阴柔润”，天地人三者合一。

13. **顺则生**。

通过天地阴阳之“气”的吐纳、交流，做到反复练习，这是顺着天地造就生命的规律，可以得到天地之“精华”，达到身心健康、精神向上的功效。

14. **逆则死**。

如果不懂得养生行气的方法，不顾自然规律，生活中处处意气用事，就容易生病，死亡也就快速来临。

此文虽然极短小，但讲明了古人养生的道理。前面两句讲呼吸，后面都是讲“意识”的练习。“气”的组成本身就是呼吸与意识的结合，也就是身心结合。

古代文人大部分都注重静功修养，当时叫“静养”，以培育内心的元气，20世纪50年代，统一取名为“气功”。太极拳也是结合“行气”的身体运动。故此文对练习太极拳有重要启迪作用。学习后能使人在练习时懂得呼吸配合动作。

（四）太极拳技术三个部分

太极拳是中国武术发展历程中出现比较晚的一个拳种，始于明末清初，经过一批有武术技能、有思想、有文化学养的人士精心研究，将武术与太极哲学嫁接起来。首先在技术层面进行了大幅度改造，将凶猛、激烈的外表改造成为清静、柔和、缓慢、圆融的太极武术。其次，对接新儒家思想，把养生、修身与技击进行有机组合，成为一种崭新的拳法，到科学高度发达的今天，太极拳仍然有很高的存在价值。

中国武术拳种繁多，南拳、少林、八卦、形意，据说有上百个拳种，绝大部分拳术外形威武，都是讲究用最大的力量、最快的速度来克敌制胜。只有太极拳讲究外形宁静，动作柔和，不求胜人，只求不败。真正的太极拳是不提倡比赛的，而是主张个人的身心修养。

凡是比赛，最终胜利者只有一个人，而“只求不败”，在理论上任何人都可以做到。弱者可以提前脱离强者的淫威，也是一种“不败”。在人生的道路上，求胜道路要走很艰苦的路子，而求不败显然要轻松得多，而且也不丢失内心的积极与主动。太极拳的以柔克刚、以静待动等都是基于只求“不败”理论之上的，所以是人人能够胜任的运动。

太极拳适应年纪偏大、身体衰弱的人，甚至是患慢性病的人，通过太极拳学习，使人身体健康起来，能掌握一定的武术技击，还能够治疗慢性病。在现代社会老年人将越来越多，如何使每一位老人过好晚年，已经是世界性的难题，而中国的太极拳，可以使老人达到这一目的。通过长年学习太极拳，老年人能得到健身、养生、哲学等方方面面的知识，能以积极的姿态走好人生之路。

太极拳在几百年来，经几代人的努力，成为一个完整的武术运动体系，既有技术部分，又有理论部分。从技术而言，学习太极拳要从套路演练、推手对抗、养生健身三个部分入门。

三者关系如下图所示：

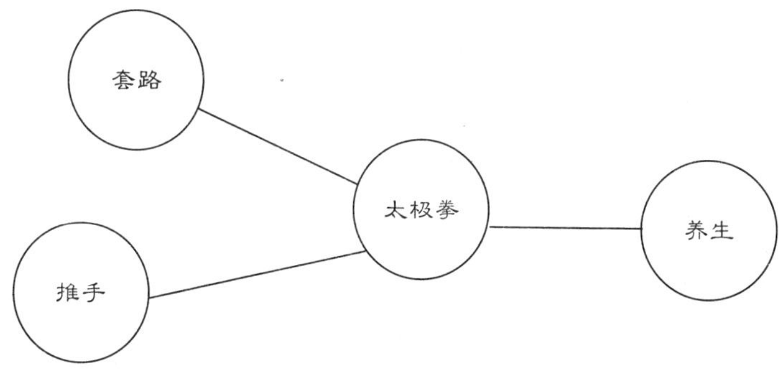

养生，太极拳动作缓慢柔和，刚柔相济，有动有静，静能够练“心”，动能够练“身”，动静结合，使身、心都得到保养。在现代社会，太极拳的第一功能显然是保养与健康作用。尤其是对身体器官处在衰退期的老年人、长期患有慢性病的人，可以起到很好的健身与治疗作用。现代人对体育健身运动大都非常重视，如跑步、蹬山、跳舞、打球等。这些运动中80%以上都是追求力量、速度的，对身体强壮的人、中小年龄的人来说是合理的，但对体质较弱、岁数偏大、反应迟缓的老年人与患有慢性病的人是不大可能的，而太极拳却非常适合这一类人群。通过缓慢轻松的太极拳动作练习，加上深呼吸与意念导引动作，可以轻松获得养生、健身、治病的效果；同时联系中医学说与经络、气运理论，掌握阴阳、刚

柔、动静、天人合一等哲学知识，使练习者既得到健康的身体，又获得相当实用的有关生命与生活的智慧。

推手，凡是武术运动都必须具有格斗技术成分，太极拳是武术，所以它也必须具有格斗攻防的价值或意义。但太极拳的宗旨是不主动攻击他人的，只是在受到外来侵犯与攻击时用于自卫，防守反攻是太极拳的主要技术。太极拳在运动方法上大都是采用曲线或者圆弧线的运动来发力，达到以静制动、以柔克刚、引进落空、四两拨千斤等技击的目的。太极拳的对抗练习是以推手方式来表现的，两人互相搭着双手，用圆形、曲线运动将对方制服。推手运动对自卫防身具有一定的意义，同时又很安全。所以老年人学习太极拳，除套路练习之外还应该参加“推手”练习。

套路，是太极拳运动最主要的表现形式，练习太极拳套路时要柔和、缓慢、轻灵、高雅，显示出“行云流水，连绵不断”的风格。练习太极拳套路与一般的体操、舞蹈相比，最大的区别是什么呢？那就是“练习太极拳不是为了给他人欣赏的”，而是为了自我修炼的。太极拳套路的每一个动作都是一种技击攻防的自我操练，练习者内心需要宁静，用大脑意识引导动作，配合深长缓慢的呼吸，使人在练习套路过程中得到“身体与精神两方的修行”。练习太极拳水平高的人，一套拳打下来需要20多分钟，对练习者来说也是相当大的运动量，但由于是充分的有氧运动，故没有呼吸忙乱、喘气的现象，这对老年人很有好处。

虽然太极拳不是专门用来表演的，但在早上公园里，白发长须的年长者练习太极拳，无意之中呈现一派“仙风道骨”、神武含蓄的风度，令旁观的人惊叹不已，这就是太极拳的自然之美。

（五）推手是艺术

太极拳的武术技能表现于“推手”。推手是用柔和的力量进行技击比试，所以非常适应于中老年人。如果只练习套路，不学习推手，那么最终还不是武术，有许多人练习几十年的太极拳，从来没有与他人推手，应该说只是在练习“太极体操”，还不是武术。

推手属于技击对抗练习，以两人相互搭手，用手指接触对方身体皮肤，将对方的重心移动，推出一定的距离或摔倒在地。推手比试提倡用柔和、曲线或圆周的运动力量，将对方降服而自己稳如泰山。多次比试对方都跌倒在地，而且对方没有痛苦，在屡战屡败的情况下，败者就会心服口服，同时心中感到“神奇”。所以推手技术使太极拳名声远扬。

推手是在太极拳套路演练的基础上进行的，用“虚领顶劲、气沉丹田”要领将自己全身上下统一成整体，使自身像“门枢”一样，能垂直转动、自然灵活。然后将自己身体重力转移到两手手指，进而使用两手手指，主要是拇指与食指来粘连对方，引动对方身体，不丢不顶，左右前后随意带动对方。由于手指的变化很灵巧，所以推手的技术就变得十分细腻，使用各种技术迫使对方前进、后退、左转、右移，当对方重心倾斜时，就借力或者助力，轻松将对方跌倒。而且制服过程大都是在瞬间完成的。

推手，用在两人友好切磋中确实是非常好的，通过两手互相黏贴，柔和转动，把对方重心带动，诱使对方倾斜、跳动、腾空或跌倒在地，而且失败者也没有伤痛，应该说是一项理想的武术竞技方

式。但是，推手的前提必须是比试双方要怀着友善的心态，不计较胜负，当对方用技巧引动我的重心，我也不强硬顶牛，顺势而倒，输了也是心甘情愿的。所以，推手技术渐渐演变出很多名目，《杨式太极拳述真》书中说有六十四种内劲❶。老师要把这些技术教学完毕需要几十年时间，如此丰富变化、名目繁多的教学，使学生练习起来兴趣大增。同时一般推手比试都是在同门师兄弟之间进行，强调入门前后的辈份与礼节，大家心态友好，比试中技术上的一点一滴都能显示出来。推手有两方面优点：一是运用丹田理论将全身能量集中起来；二是全身整体的力量运转到手指尖端。

太极拳推手技术应该是武术的高级技艺，它将简单直线打击的武术演化为圆周运动，可分成360°或者更微小的角度将对方重心牵动，然后将其摔出或跌倒。由于技术细化，就需要手指的灵活性与一定的力量。太极拳的丹田运劲是将自己的全身整体能量集中起来，然后用意念将劲力注入到两手的拇指与食指。通过拇指与食指将对方的身体引动，进而跌倒对方。推手技术在用力、运劲上都是符合人体力学原理的，它的确是一门武术实战的艺术。

通过推手教学，还可以对太极拳套路动作起到促进作用，因为没有推手技击的检验，长期的太极拳套路练习往往使动作的意义变味，由格斗转向单纯的追求形体美，导致太极拳动作舞蹈化，最终失去武术意义。

---

❶魏树人. 杨式太极拳述真［M］.北京：人民体育出版社，1999：30. 书中将掤、捋、挤、按、采、挒、肘、靠8种劲法，又各自演化8种技术，如此，总数为64种。

（六）推手不可比赛

必须明白，太极拳推手只是“艺术”，不是真正的格斗术。因为，从格斗角度而言，推手仅仅只是一种理想化的技击艺术。只有在两种情况下可以产生巧妙制胜的效果：一是师徒或朋友间在互相体谅的心情下进行较量；二是比试两人的实力或技术水平悬殊，强者用技巧能使弱者晕头转向。所以，在近30多年的太极拳推手比赛中，很少出现“以静制动”“以轻制重”“以柔制刚”的例子，特别是当比赛进入半决赛以后，双方实力接近，此时用轻巧、柔和的技术，两方都不买账，以全部的力量投入比赛，于是风度雅致的太极韵味也就无影无踪，只剩下凶猛、强硬的拼力、摔跤了。

推手为什么不可以用于比赛呢？因为参赛双方都是经过多年实战的选手。手指的动作虽然灵巧，但毕竟力量有限，所以对方拼命抵抗，最终只能依靠重力来取胜。

1979年，当时国家体委下属的武术处组织散打与太极拳推手的比赛试验。经过3年，在1982年的12月，于北京工人体育馆进行推手、散打两个项目的全国比赛。推手比赛有10多个省市的运动员参加，当时河南的陈小旺也是参赛的运动员之一。此后全国推手比赛几乎每年都有举行，并制定了比赛规则，分体重级别。场地是划成一个圆圈，推出场地或摔倒对方即得分，这样的比赛按理说胜负是非常直观的，但事实在比赛场上由于参赛双方的水平相差不大，用轻柔、圆融、连绵的技术根本比赛不起来，而出现摔跤、硬顶、蛮打者却比比皆是。最终，胜者大多是会摔跤技术的人。此后，虽

然举办方也尽量改进比赛规则，以让真正的太极拳高手用“四两拨千斤”“引进落空”等技术成为胜利者，以证明太极拳的“听劲”“化劲”和“运劲如抽丝，发劲似放箭”等微妙的技巧。然而经过20多年的全国正规比赛，还是像“摔跤”。最终高层决策及管理人员也失去信心，干脆取消了全国正规的推手比赛。

如果认为太极拳技术是武术实战中最高级的技术，太极拳推手能够战胜包括散打在内的所有武术，那就大错特错了。虽然古藉有“观耄耋御众之形，快何能为？”等记载，其实那只不过是一个理想的个案而已，就像武侠小说中所言“白发老者一挥手，七八个彪悍强人晕头转向，跪地求绕”一样。大凡实战对抗运动都是以直线、快速、狠毒的重拳或重腿打击对方；而推手则反其道而行之，从柔从轻，以粘连的方式将对方制服。作为实战艺术是非常有价值的，在老师与徒弟之间，好朋友之间练习推手的确很有趣味。即使推手技术高超的人也应该心中明白，假如遇到抱“决一生死”的人，且有较高的格斗经验，在体重、实力方面也高于我方，此时，除非我方也是具备散打经验，否则就很难稳操胜券。

推手规定不可以使用拳或腿攻击对方，所以不会产生身体伤害，更不会致人伤残。推手练习很有趣味性，通过长时间的练习可以在一定程度上提高自卫防身能力。但也应当明白，推手技术是比较有限的，如果对方的身体高大，并有相当强的实战能力，刚开始推手时可能会被我方柔和灵巧的技术所控制或推倒，但经过一段时间学习，对方就有可能反败为胜。原因很简单，凡是身体对抗运动，力量与技巧是两个重要因素，水平优秀者都必须具备。如果是正式的推手比赛，体重就要分开等级。因为，力量在很大程度上是天生因素所决定的，体重大的人质量大，质量与加速度合成即是“力”。如果让100公斤的人与60公斤的人进行比试推手，虽然体重小者有很好的技术，大者在技术上不如小者，最初几局比试，小者获胜。但不久，技术上的弱点被大体重抵消，最终60公斤者就很难制服100公斤的人，如果体重大者苦练技术，反败为胜也就不稀罕了。所以现行的推手比赛与摔跤、拳击、散打比赛一样，必须分体重级别❶进行，一般超过5公斤的人是不可以在一起比赛的。

（七）危险性、杀伤性、无限制性

纵观古今中外一切个人的战斗或军事集团间的战争，文雅或风度向来只是胜利者的专利，而失败的一方只能以不择手段的方式来个鱼死网破式的拼命，“横竖都要死了，孤注一掷或许能够挽救败局”。日本早稻田大学教授富木谦治❷认为：武术是以受到暴力侵犯时使用的反击技能。武术，具备三种特性：危险性、杀伤性、无限制性。

危险性，即武术格斗结果不是胜负，而是生或死。当战斗开始之后，置生死于度外的人，抱必死决心的人，往往可能会发挥出本人最强的战斗力，如果双方都以死拼搏，自然出手技术的危险性也

❶推手比赛规则中将体重分为11个等级：即48公斤级、52公斤级、56公斤级、60公斤级、65公斤级、70公斤级、75公斤级、80公斤级、85公斤级、90公斤级、90公斤以上级。

❷富木谦治，1900—1979年，日本著名武道家，秋田县角馆町人。此理论是在其著作《武道论》中提出的。日本大修馆书店1991年出版。

就会随着战斗升级而越来越大。

杀伤性，为求胜利，每一动作必须具有最大的杀伤力，即以最短时间产生最大的杀伤力。为此在出击的力量与速度方面不断追求，在军事上则是追求武器的杀伤威力。可见个人战斗与军事战争原理是相似的，都是出于人类的以斗争求生存的本能需求。

无限制性，指人与人的战斗，只要此人生存的意志尚在，战斗就不会停止，失败者往往不择手段，美国著名拳王泰森在与霍利菲尔德的拳击比赛中，在失败时用牙齿将霍利菲尔德一只耳朵咬出血来❶。战斗时间越长久，战斗的残酷性就越会增加。此“残酷”的升级不是胜利者的希望，凡胜利者都希望“不战而屈人之兵”，花最少的代价获取最大的胜利。而失败者总是不甘心，因为实力弱，使用常规战斗手段是根本不能挽回败局，于是就不按规则出牌，向胜利者发动袭击或使用非规范动作，强者受到袭击，为了报复，就用更加残酷的手段将弱者消灭。当然，从人道主义的角度，往往都是谴责胜利者在“制造残酷”、是杀人的罪魁祸首。

练习武术的人，如果没有经过实际格斗方面的训练，往往书生气十足，以为老师传授的技术是所向无敌的，与他人交手时对自己估计过高，一交手，才知道所学的技术都是“银样腊枪头”，中看不中用。习武术者，包括练习太极拳推手者，平时都应该进行真的实战方面的较量，体验格斗中由争胜负演变到“决生死”的心理

❶1997年6月28日，在美国拉斯维加斯举行的重量级拳王争霸战上，泰森遭遇霍利菲尔德的针对性战术，恼羞成怒，在第三回合将霍利菲尔德一只耳朵咬出血，比赛一度中断，而双方再战后又咬了霍利菲尔德的耳朵，最终裁判员取消泰森比赛资格，霍利菲尔德成功卫冕。

过程。同时也检验一下自己的技术，是否真正能克敌制胜，至少能避开对方的攻击，否则当失败降临时就会不知所措。真正的武术必须从生死角度来立论，心中时刻想到，“凡是真正的战斗都是无情的”。实战中，一旦冲突由“争胜负”升级为“拼生死”时，没有“必死准备”的心理做后盾的一方会迅速败下阵来。古人曾言：“凡兵战之场，立尸之地，幸生必死，必死则生。”❶这句两千多年前的名言，至今仍然适用。

当然有了决生死的心理准备之后，还必须具备足够的技术与体能体力。尤其是徒手格斗，每一个动作的杀伤力也不是轻易能够学成的，特别是动作打击“点”的准确无误必须经过千百次的严格训练，如果没有坚强的毅力与吃苦耐劳的精神，没有高明的老师指导，没有经过反复的、不同对手的实战比试，往往是很难掌握高水平技术的。

懂得战斗规律的危险性、杀伤性、无限制性之后，还有一个战斗的“主动权”问题也是非常重要的。凡格斗无非是进攻与防守，进攻者往往在实力上比较强，从表面上看进攻者是战斗的主动方，即战斗的主动权是掌握在进攻者手中。然而从深层次观察，就会发现“积极的防守者”也未尝不是战斗的主动方。如果进攻者不具备实力或不得要领或粗心大意，那么积极防守的一方就能及时抓住时机，转入反攻，最终击败进攻者。太极拳推手技术就是属于积极防

❶出自《吴子》兵法。吴起，是战国时期卫国人，今河南鹤壁人，历仕鲁、魏、楚三国，留有《吴子》兵书，与《孙子》又合称《孙吴兵法》，在中国古代军事典籍中占有重要地位。

守型的武术，高手是时常利用对方主动进攻的。

（八）艺术与残酷

人类社会总是在和平与战争交替中演变的，从5000多年前的部落战争到20世纪的两次世界大战，即使在当下，也有阿富汗战争、伊拉克战争、伊斯兰国恐怖主义、朝鲜的核武器试验等，不管现代科学技术如何进步，战争的威胁总是不会消失，非但不消失，反而由于武器杀人威力增强而造成后果更加凶残。另一方面，人类向往和平的诉求也是越来越强烈。

武术的第一特征是技击，凡是武术都应该有技击功能，太极拳是武术，也要在技击上体现特点。技击，不能光在嘴巴上说说而已，应该反映在实际行动中。实际行动就是个人之间的比试或者战斗。比试到生死战斗之间没有明确的分界线。

凡是人类的战斗，不管是国家间或是个人间，其结果必然是首先要摧毁对方的意志，其次是肉体，所以它一定会存在残酷的一面。比试有规则，但失败一方如果输得眼红了，就会使出拼命的招术。

人类生活在现实与理想之中，现实是残酷的，理想是美好的。武术也是一样，套路运动是理想的象征，而实战则是武术价值体现的一大标志，实战必定是残酷的。太极拳属于武术，自然不能违背这一规律。太极拳套路演练中，追求动作的合理性、姿势的优美都是必要的，也是应该的。但在推手学习中就要充分考虑到实战现实性，其中不会没有残酷的因素出现，千万不能过于沉浸在美好的理想之中。

武术，是一种处于“艺术与残酷”之间的运动。练习者应正视“力量”因素，要知道可能会出现“残酷”的现象。所以要重视自己在力量、速度、抵御重击等方面的基础练习，懂得在实战比试中，随时会出现残酷、凶狠的袭击，做好应对的心理准备。常言道：“害人之心不可有，防人之心不可无。”作为武术教学，应该以道德为重，不可以教育学生去做损人、犯规之事，但对他人则保留防范之心还是有必要的。

太极拳推手向“柔、轻、静、圆”等目标去训练，平时练习要研究推手技术的细节，与多个同伴进行实际比试，使技术与实战状态尽量符合，这才是学习太极拳的正道。但在推手实战比赛中，要想到“对方可能使用犯规动作，以致我于死地”，要作最坏结果的心理准备。

如下图：坐标“纵轴”，中正—轻灵，为太极拳技术“生命线”。“横轴”一端为“美好”，另一端为“残酷”，是指推手实战技术在兼顾“两端”中的发展。

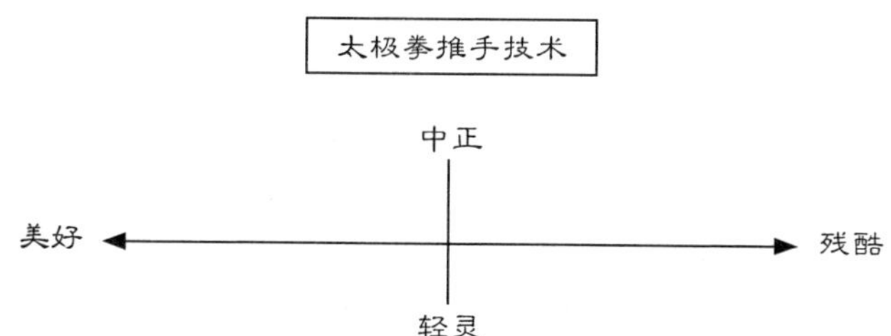

总而言之，太极拳推手不是真正的徒手格斗技术，仅仅是技击的“艺术”，它的实战原理是具备的。在技击上教学与训练的原则是不可给对方造成伤害的前提下制服对方。所以练习推手对一般人来说是一个很有意义的运动，既能够学习到技术，又没有造成伤害事故。从这一层面上看，推手是追求理想的技击艺术。

（九）守中、用势、择时

《十三势行功要解》中说：“立身中正安舒，支撑八面，行气如九曲珠，无微不到，所谓气遍身躯不稍滞也。”

中，是中国传统哲学中一个重要的概念。儒家称为“执中”，道家称“守中”，释家称“虚中”。任何事物，能够处于“中”，就是处于最稳定的地位。

“中”有四解：①浑然天理，一气上下，流行不息。②无前无后，无背无面，无头无尾，非有非无，非色非空。③为天下之大本。守中者圣人，失中者凡人。④不可以有心求，不可以无心守，有心求之即落于色相，无心守之即入于空寂。

从这四方面可知：中，只能逐渐向其接近，但永远达不到绝对的“中”。太极拳以守中为要点。守中的关键是做到虚领顶劲、气沉丹田。头部向上方领起，重心就会中正；气沉丹田，是将意识与呼吸向下降，重心稳定性加强。做到自身的重心中正、轻灵，对方的攻击过来时便能轻灵地避开；在对方攻击落空时，我稍加一点力量，就可以将对方轻松摔倒或推出去。守中用于防御，也是很有效果的。当对方的攻击力过来；我方由于重心中正，可以稍微旋转就使对方力量落空。

势，就是战斗中力量爆发的程度。即力量的大小与速度，如小溪的水与山洪爆发的水，其能量自然不能相比。武术技击的一个关键就是如何利用自己的身体运动能量，即“用势”。

守中与用势是一对矛盾。“中”，显得稳重；而动作变化时则需要“势”。中与势，是动静两态，两者相互依存。守中与用势是不断变化的，用势时需要故意失中，利用自己身体重量作用在对方身上，形成巨大的运动惯性，可以将对方快速跌倒。由防守转入反攻时身体的移动变化非常重要，使静止中正的身体变为运动的能量，造成强大的攻势。变化之快，需要经常做腰部灵活变化的练习，在做反击动作时可以在一刹那间使身体失中，产生强大动能。在平时练习推手时，经常使“守中”与“失中变势”根据技术需要故意变换，使手法结合身体与步法移动默契配合，似蛇如鱼一般运行，当然要在两人推手比试实践中进行比较好。

择时，就是把握时机。战斗中把握时机就是技术的一个重要标志。

两人交手，时机瞬间就会消逝，所以把握攻击的时机非常重要，在对方没有暴露弱点时不可以动手，一旦出现弱点就迅速出击，此为“择时”。择时的前提是“守中”，只有“中”才能够接受任何一方的攻击而不会产生偏颇的反应。推手就是要利用对方的攻击时机，当对方向我直线攻击，我在守中的基础上稍微转动身体，使对方的力量向侧身移动，然后使用与对方同方向的力，对方就向我身侧跌出去。凡是技术，一半是自己的威力，另一半就是能够捕捉到对方出现的脆弱点，然后及时出击，这就是“择时”。

把握反攻的机会，选择最佳的时间进行反攻，才能够收到事半功倍的效果。综上所述，学习推手技术，应该掌握守中、用势、择时三者的原理与实战变化的关系。

（十）诱、逼、慑、忍

在推手技术学习过程中，努力做到刚柔兼备非常重要。推手时，应该根据对方的动作变化，当刚即刚、当柔即柔。能够随机运用刚与柔，就是太极拳技击的高手。在具体使用技术来制服对手时，作为战术有诱、逼、慑、忍四种。

诱：即诱敌进入我方事前设好的圈套，为此故意显露自己的弱点，让对方产生轻敌思想，率先攻击过来，我方在对方攻击后，立即切断其后路，使其进退两难，然后给予打击，必能取胜。此法虽然巧妙，但前提必须是我方实力强大，对方的技术水平、实战经验都比较低，对我方诱惑的假动作不能及时识别。

逼：推手开始几个回合后，摸清底细，认定对手实力不强，就可以采用逼迫战术，用自己的实力震住对方，也不攻击，只是压迫他，使之步步退却，越陷越深，直到无路可走而不得不投降。推手比试中，常见的动作是用双手封闭对方两臂，逼迫对方出现硬力反抗，硬力一出即引进落空，并乘机发劲，对方被打倒在地或腾空出去；如果对方是老手，一柔到底，不出硬顶动作，我则步步紧逼、直到死角。

慑：即“威慑”。威慑有两种形式，一是由于推手的声望很高，在未交手之前，已在对方心理上造成强烈的威慑效果，使之失去比试的信心；二是用一次沉重的打击，使对方感到害怕。威慑可达到不战而屈人之兵的目的，既省力又显得大度，实为推手技术中的最上乘。

忍，即“坚忍”。如果遇到比自己实力强几倍的对手，则要“忍”为上策。此举有两层意思：一是发生冲突之前，尽可能用计谋避免对抗；二是发生冲突后，千万不可冒失出手，要忍让再三，如此可以让对方产生骄气或怒气，有骄气则会掉以轻心，有怒气则易粗暴失慎。出现这两种情况中的一种，就容易暴露弱点。在“忍”的过程中，可以使弱者找到“后发制人”的机会。

在强敌面前，“忍”非但不会招致失败，还可以得到反败为胜的机会。当然，能够做到“忍”也是不大容易的，除心理上严格训练之外，更需要有一定的技术经验做后盾，没有技术经验为后盾的“忍”，如螳臂挡车，遇到强手就输得更惨。

此外，在推手教学训练中，使技术不断精细化，外表应该尽量是“柔和”，内在则是刚柔兼备。对他人不可以使用暴力动作，但要有应付对方暴力袭击的准备。因为，对方已经处于危急中、或失败既定时，往往会使用暴力、以致毒手，来挽救败局，如果没有准备，遇袭击会惊惶失措。因此，在练习推手过程中须经常设置一些对付暴力袭击的“技法”，使自己掌握过硬的本领。

（十一）重手与轻手

功夫离不开实力和技巧，两者相辅相成，如车之两轮，缺一不可。但在具体练习中是有所偏重的。以实力为主的为重手，以技巧为主的为轻手。

重手者，在练习动作中总是比常人重量多出2、3倍，模拟为大个子的对手，练习发劲，以求瞬间爆发巨大力量。经过长期练习，待到与人交手时能“居重御轻，用之乃得灵变”。

轻手者，不主张练习重物，而是追求“居中择时”“求机得势”的本领。两人推手练习时，以全身通透之劲进行攻防练习，不用硬力，处处显示轻灵柔和，推手过程中当一方出现破绽，另一方即用“轻手”将其掀倒。这里的“轻手”决不是无力，而是相对于重手者而言的“轻”，而且发力的大小恰好以推动对方为准，不多不少。假设对方攻击过来的力为1000斤，我方则用999斤9两的力来阻挡，并随着对方攻击力减弱，我方也相应减少抵挡力，最终使攻击力化解为“零”，然后以“四两”的力短促发劲，于无形无影、不知不觉中击败对方。可见轻手对技巧要求极高，实属于太极拳的理想技术。当然这样的水平不是短时间内能学习得到的。中国民间太极拳高手大都是以轻手制服对方而著名的。轻手技术的关键是将全身的力量运用在两手拇指与食指的指尖上，如此动作变化的技巧就能够灵巧多变。轻手的技术性极强，没有好老师指导是很难掌握的。而重手者，与一般体育竞技运动一样，只求力量大、速度快、落点准确，即实力型的技能。

凡是战斗，以长制短、以重胜轻是常规之理。而以短胜长、以轻制重则是理想上的追求，推手就是建立在此理想上，为追求“四两拨千斤”而不断努力。以静制动、以短胜长、以轻制重说明了两个问题，一是指小个子的人可以通过技术练习能够制服大个子；二是指用宁静、柔和、轻灵的动作能够制服凶猛、刚烈、粗暴的对手，此等技术自然是精湛无比的，使被击败者从内心佩服，使周围观看的人肃然起敬、惊叹不已。

在普通人眼中，太极拳好像是慢吞吞的“摸鱼”式体操，认为只是老弱病患者练习的保健体操。其实不然，太极拳外表柔和，内在是刚强的。杨澄甫在《太极武事解》中言："太极武事，外操柔软内含坚刚，常求柔软之于外，久之自可得内之坚刚，非有心之坚刚，实有心之柔软也。所难者，内要坚刚而不施于外，终柔软以迎敌，即以柔软而迎坚刚，使坚刚化于乌有耳。"

太极拳练习追求松、柔、静，做到全身上下都自然轻灵，没有一点僵硬。与他人推手时，仍然是放松，不管对方如何粗暴，冲撞逼人，我方不慌不忙，依然故我，以非常冷静的心情对待之，两手用柔力化解对方的刚力。此时的柔力不是松瘫软弱，而是我方内部运用整体之力，将对方攻击力化解，然后抓到对方运动中的弱点，用刚力来斩断，反击是一刹那间完成的，如电光火石一般，对方猝不及防中就会被制服。

（十二）开合虚实

开、合、虚、实，是太极推手的四个重要法则。

开：判断对方技术不如我，则以"开"引其进入，我方开怀展臂，暴露出头部眼、鼻、咽喉与身体正面肋骨三角区等重要位置，待对方进攻。当对方向我出拳或踢腿，我还是"开门"等候，当攻击贴近我身体约1厘米或皮肤上时，我方以柔和动作将其拳或腿稍稍避开，使对方攻击落空、重心前倾。当对方得知身体失去平衡想撤退，我乘其后退发劲，其本身后退力加上我方的冲击力，对方身体被击出数米而倒地。

合：有两种用途。一是防守用，指两手、臂、肩、胸腔、

背、两膝部分或全部向丹田位靠拢，动作幅度可大可小，视对方攻击的力量与动作速度而定，达到恰如其分。“合”时全身柔软轻灵，没有一点僵硬，使对方的拳或腿如打击在“棉絮”之中。二是进攻用，凡是向对手发起反攻，都必须将全身质量集合起来，用在手、足、肘、膝、肩、头、背的任一部位的一个攻击“点”上，用轻松动作加上意念配合，如“电光火石”一般作用在对方身体的重要部位。

虚：有两层意思。一是精神上，轻松灵活，两眼以对方眼睛为焦点，兼顾对方的两手两足的变化，并且透过对方身体注视100米外的远方，形态上就是“虚领顶劲”的样子。二是身体四肢保持宽松而有弹性的状态，在没有接到对方肢体的重力打击之前，我方始终虚灵自由，身心自如，把握自己的注意力，不管对方向我发起什么样的攻击，我始终使其威慑力失去效果，达到以逸待劳的目的。

实：为三层意思。一是内心充实，练习太极拳时讲究“气沉丹田”，就是内心很踏实，不管形势如何糟糕，内心一点不乱。二是与他人比试或受到意外袭击时，身体能在对方的手、足打击下经受得起，没有丝毫损伤。三是反攻时，能够将自己的全身质量集结在一个攻击点上，如此出击的力度就非同小可，能产生最大的威力。

太极拳中对“开”与“合”、“虚”与“实”有很细的技术分析，在训练中又是相互变化的。开合、虚实本身就是矛盾的双方，矛盾变化往往是在瞬间产生的，在比试时不可能事先设置好，所以应该在推手交流、比试中反复实践，只有在比试实战中不断积累经验，不断运用自己的组合动作，才能够渐渐形成随机运用的技术。凡是战斗性质的技术都只能在实战中训练出来，太极拳推手自然不可例外。在推手练习中，还应多多与不同类型的对手比试，不要计较胜负，从失败中不断总结经验，改进与提高自己的技术。

（十三）静散通空

太极推手时首先要做到内心平静，不管对手如何凶猛，我都不当一回事；其次将对方的攻击力分散掉，使之攻击落空；再次是自己内部气、力通透；最后做到内外皆空。

静：内心宁静，不慌不忙。太极拳对心境练习有很高的要求。一个人练习套路，每一次打套路都像是一个“心路独行”的过程，从套路起势到结束，少则5分钟、多则40分钟，意念都在寂静中集在丹田；然后依据套路安排，由丹田运转引导手、足、身体的动作，全部是在意念控制中。通过长期的太极拳练习，可以提高个人的意识凝聚力，学会在孤独中安心、坦然、专注的习惯。

两人推手时，做到“静”，就是镇定，就能够提升判断力。对方向我攻击，我能辨别出动作的距离与方向，进而作出如何应付的决定。因为能“静”，全身上下就无丝毫紧张，随对方动作变化进行化解。在没有发起反攻之前，身体各部位都不会出现多余的紧张，不用多余的力，针对对方进攻，用柔来化解，全身四肢处于安静自然状态，只是两眼密切观察对方的身体运动。

散：有意境和技术两层意义。

一是在意境上，在宁静、镇定的基础上，还能做到立意高远。

以丹田为中心，将“意念”向远处、四周扩散，有一种覆盖天地的气势。

二是在技术上，遇到对方猛力攻击，我将对方攻击的力点向身体四周，即外围散去，使对方找不到攻击点，像热水泼地、热气迅速地散发一般。例如：对方两手按住我的双肩猛力推来，我方双肩略向上方抬起，对方的向前推力失去方向。做到“散”，必须是一个圆圈由小向大的扩张，犹如向水中扔一块小石头，水中出现一个小圆圈，然后圆圈不断扩散，最后无影无踪。

通：首先是“意念”通透。人的心往往都只考虑眼前利害关系，这样就会心胸狭小。通过太极拳学习，能够使自己的内心世界变得广大、通彻、透明。人生的路上时常会遇到这样那样的危难与麻烦，一般人往往苦恼、焦急，而掌握了太极哲理之后，能将天地宇宙与个人的心、性联系，使无穷大的宇宙与无穷小的内心成为一体，进而将个人的生死连成一线，能做到这一“连接”，自然就能放得下人生途中的任何困难险阻。

其次是技术上的通透。指劲力在体内传递迅速、畅通无阻，如锅炉中的蒸气一般。一个“劲”发生，就能在身体内部迅速传递，体内没有一处是僵硬或阻塞的，左手与右手、手指与脚趾、腰部与两手、头部到两只脚都是通畅的，即术语“一动无有不动”。当遇对方攻击，我方将攻击力点散发，使之落空；我发起反攻时，则能够将全身质量合成整体，在丹田带动下，将整体的能量迅速通往力“点”之上。

空：是一种很高的意境，学习太极拳到达相当水平之后才能体会到。必须在学习太极拳技术的身体运动中体验，同时还要学习有关理论，“勤动作、多读书、细思考”，并接合自身与世间的艰难、痛苦才能渐渐形成“空”的境界。具体表现在两个方面：

其一，是在意境方面，无穷无尽才是“空”，无限小、无限大，没有边境。现代科学已经证实，宇宙是无限的，人的想象也是无限的。“太极”即人心，只要是脑子还在活动，就要知道一切的存在都有限的、暂时的；“空”才是无限的、永恒的。学习太极，可以妥善处理无限与有限、暂时与永恒、现实与理想的思维方法。

其二，是在太极拳技术方面，有了“空”，动作才能轻松空灵。使用在比试战斗中，敌人向我发起攻击，我方因空灵运动，使其击不到实处而落空。练拳过程，有了“空”的标准后能使人意境高远，透析动作背后的拳理、哲理，不为胜负、名利所困扰。技术层面的“空”，须在平时技术练习中反复研究与实践。

（十四）不丢不顶

不丢不顶，原是说做学问，要有细水长流、不即不离的坚韧精神，通过长期不懈的努力，才能够做出大学问。古今中外的大学问家、大科学家，无不例外。学习太极拳，要想成为名家，也需要“不丢不顶”的精神，几十年如一日，练习、研究、再练习、再研究。心急不可以，放弃更加不可以。只要还活着，大脑总是在思索着“拳法与拳理”，按古人语，即“必有事”也。当然，“不丢不顶”只是说明一种坚韧劲，只是表面的状态，其内在还是要有门道的，这门道就是智慧与知识，不断地学习知识，

提升自己的智力，才能实实在在做到破解太极拳学习中的疑点、难点。

不丢不顶在太极拳技术上，可演绎为：不遮不架、不顶不脱和不软不硬。在推手中一旦意识到自己与对方产生强硬对抗时，就说明已经犯了丢或顶的错误，须立即改正。哪怕眼看就要输了，也应去除“拼命”的心态，换为不丢不顶的方法，这才是太极拳推手技术。当然，要做到“不丢不顶”是不容易的，而且也不是一厢情愿的，遇上对手技术水平高，或力量特别大、性格凶猛并有实战经验时，“不丢不顶”就更不容易。太极拳的动作多数是以曲线、圆圈来完成的，许多技术都是讲求圆圈与弧线的运用。犹如在身体前方备有一个盾牌，可化解各式各样的攻击，并在曲线运动中找到合适的点进行反击。水平越高者其动作的曲线或圆圈的幅度就越小，而其化劲或发劲更为准确。步法移动应留有充分余地，柔和中走曲线或圆圈的形式与对方较量，用直力容易失去平衡，如出手用力过猛或步法移动过大，那么第二次使用动作就不利索了。而用曲线、圆圈的方法可以环环相扣，周而复始地连续使用技术。用圆圈的力量能够将对方粘住，当然这里的圆圈是很小的，有时是用肉眼观察不到的，仅仅用手指的发力就可以。如果两手脱离对方身体，那么手指就发挥不了作用，手指用力的巧妙是建立在平时推手的练习上。手指的灵敏度高，用力的变化在毫米之间，上下左右都是在圆的运动中进行，并且是利用对方身体运动的惯性方向进行的。

不丢不顶中把握对方重心的变化、运动的方向，这就是打击的时机。利用时机，迅速反攻就叫作得机得势。就是在敌人进攻的缝隙中，即对方攻击的“旧力已过，新力未发”❶的一刹那，我方以闪电般的速度及时出手制服对方，而且发劲的大小与落着点都很准确，不大不小，分毫无差。如果能运用两手拇指和食指的力量，就可以达到这样的功夫。

（十五）现代太极拳的知识结构

在当代，研究太极拳必须掌握两个基本点，一是依据传统太极理论知识；二是吸取现代科学知识。传统太极拳理论的基础是：儒家、道家、佛教的有关知识，在太极拳前人中如王宗岳、武禹襄、唐豪❷、徐震❸等都是很有名望与成就的太极拳理论名家，他们在太极拳理论研究中都渗透着厚重的文、史、哲方面的知识。在现代科学知识方面，如运动解剖学、生理学、营养学、生物力学、医学以及教育学、社会学、美学、宗教学、心理学、伦理学等方面知识。在太极拳走向世界的大背景下，中、西方文化交流融合，是今后太极拳理论与技术发展的重要问题。

---

❶注：出自明俞大猷《剑经》，此书是专门论述棍术的，在中国武术理论中有重要的地位。

❷唐豪，字范生，1897—1959年，江苏吴县人。1927年日本留学，学习法律、柔道、剑道。回国后任中央国术馆编审处长，有《太极拳与内家拳》等10多部武术研究专著。

❸徐震，字哲东，1898—1967年，江苏武进人。从小喜爱武术，中文教授，对武术深入研究，有《太极拳源流考信录》等专著问世。

太极拳知识结构图

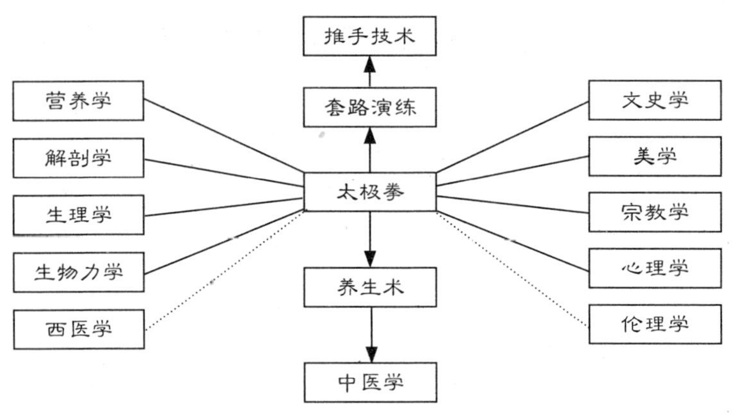

上图中轴是练习者应该掌握的内容。通过太极拳学习，将套路演练、养生方法、推手技巧等都取得了一定的经验与体会。太极拳的初学者首先是掌握太极拳套路的演练，动作形态合乎规格，懂得每一个动作的意义。在掌握基本套路之后就应该学习推手技术，从四正手到单手推转，再进入两手自由推手比试。推手过程应该以轻、柔、圆、和要求进行，不得出现蛮力、顶牛。推手技术有很精湛的力学道理，以“听劲”为核心，产生出丰富的比试技艺。同时又要知道，推手不能进行比赛，比赛中双方为了求胜，会放弃“君子风度”，变成顶牛、摔跤。所以，推手不是真正的格斗运动，只能是在友好状态下进行的武艺切磋。推手作为攻防技术的研究是非常有趣味的，两人互相“听”对方的发力，在微小变化中将对方引进落空，常常会出现以轻制重、以柔克刚的场景。在技术方面进步的同时还应该学习养生的方法，随着老年化，运动量自然渐渐减少，对心境的训练、呼吸与身体动作配合的练习越发显得重要，中国的气功就是在这方面见长的。太极拳的养生练习是与气功接轨的。有条件的人还要学习中医理论，尤其是《黄帝内经》，此书在2000多年前问世，到今天仍然是中医学院的重要基础课程，书中对天人合一、阴阳结合的研究非常透彻。

上图的左右两侧表明现代太极拳的发展还必须借助两个方面的知识。一是有关的人文、社会、心理、伦理方面的知识，二是人体生理、运动力学等方面的科学知识。近30年来中国的体育学院中武术专业教育发展很快，本科生、硕士生、博士生毕业者已经有好几万，但遗憾的是他们没有在文化理论方面深深地扎下根来，以致那么好的武术教育资源白白浪费，上万人的武术大学生没有起到应有的效果。现代武术的发展需要深厚、广博的理论来支撑，如果没有一大批既有武术技术基础，又有深厚文化素质的研究人员，太极拳的发展前途将是暗淡的。

对于多数学习太极拳的人而言，并不需要学习那么多的中国文化与科学知识，因为都是业余的，只要跟着老师学习太极拳，通过太极拳动作的演练，达到锻炼身体就可以了。如果到了工作退休之后，对太极拳有浓厚兴趣，并且有空闲，则学习有关太极拳的文化知识，既可以提高自己太极拳的水平，也可以增进个人的知识内涵，知识与技术并进，使老年的生活质量大大提高。

三、太极与国学

中国武术在明代中期开始，出现了比较系统的理论研究，由技

术教学层面深入到人生哲学方面。正是因为有了比较深刻的理论，所以才能在明代末年产生太极拳。太极拳的背景是中国的传统思想文化，学习太极拳应该同时对接文化学习。中国历史悠久，文化传承连续，文化分“经、史、子、集”，多达数百万册，当今称之为“国学”。在学习太极拳的同时，如果能结合学习国学，那效果将能达到举一反三。以下介绍“太极与国学”的部分内容。

（一）《纪效新书》

到目前为止，公认的最古老、最权威的武术经典是《纪效新书》，作者为戚继光。

戚继光（1528—1588年），明朝军事家。字元敬，号南塘。山东登州人。17岁袭父职任登州卫指挥佥事。嘉靖二十八年十月，中武举。嘉靖三十四年七月，调任浙江都指挥使司佥书。嘉靖三十七年（1558年），在岑港（今属舟山）作战失利被免职。次年三月，在浙江按察使司副使谭纶节制下，领兵救援台州。五月，歼灭入侵桃渚（今临海东）的倭寇。嘉靖四十年在浙东象山、宁海、桃渚等地，杀死、焚死、溺死倭寇4000余人，史称“台州大捷”。隆庆元年（1567年）十二月，戚继光奉调京师训练士兵。万历十一年（1583年），受排挤，调镇广东。万历十三年（1585年），遭诬陷罢归登州。万历十五年十二月（1588年1月，农历正是“万历15年”）病卒，终年61岁。

《纪效新书》是讲述明代军事作战的兵书。何为“纪效新书”呢？戚继光说“夫曰纪效，所以明非口耳空言；曰新书，所以明其出于法而不泥于法，合时措之宜也”，就是说本书不说空话，只讲究实际；尊重理论同时又不僵化。的确，《纪效新书》是一部非常实在的、有深度的军事著作，即使在时隔450多年的今天，阅读此书，仍然能够感悟到许多道理。在军事领域，《纪效新书》被誉为继孙子兵法之后最优秀的军事著作，对武术界而言，《纪效新书》中有很多关于武术的内容，通过学习，可以掌握许多明代武术方面的知识，同时还能得到人生哲理方面的启迪。

《纪效新书》❶，戚继光生前出过两个版本。一为十八卷本，一为十四卷本。当时他在舟山带兵与倭寇作战，空余时间与下属常常研究武艺，所以对当时民间武术非常了解。

十八卷本《纪效新书》“拳经捷要篇”

《纪效新书》十八卷本中第十四卷为《拳经捷要》，其内容将对明代后期民间武术情况进行说明。

《拳经捷要篇》

此艺不甚预于兵，能有余力，则亦武门所当习。但众之不能强者，亦听其所便耳。于是以此为诸篇之末，第十四。

拳法似无预于大战之技，然活动手足，惯勤肢体，此为初学入艺之门也。故存于后，以备一家。

---

❶《纪效新书》有十八卷本与十四卷本两个版本。十八卷本是嘉靖三十九（1560年）年写的，十四卷本是万历十二年（1584年）戚继光受到朝庭处分，在十分贫困与失意中改写的。时隔多年，从思想深度看，十四卷本比较好，但剑经、拳经捷要等都被删减，所以对武术界而言十八卷本比较珍贵。

学拳要身法活便，手法便利，脚法轻固，进退得宜。腿可飞腾，而其妙也；颠番倒插，而其猛也，披劈横拳，而其快也；活捉朝天，而其柔也。知当斜闪。故择其拳之善者三十二势，势势相承。遇敌制胜，变化无穷，微妙莫测，窈焉冥焉，人不得而窥者谓之神。俗云："拳打不知。"是迅雷不及掩耳，所谓"不招不架，只是一下；犯了招架，就有十下"。博记广学，多算而胜。

古今拳家，宋太祖有三十二势长拳，又有六步拳、猴拳、囮拳、名势各有所称，而实大同小异。至今之温家七十二行拳、三十六合锁、二十四弃探马、八闪番、十二短，此亦善之善者也。吕红八下虽刚，未及绵张短打，山东李半天之腿，鹰爪王之拿，千跌张之跌，张伯敬之打，少林寺之棍与青田棍法相兼，杨氏枪法与巴子拳棍，皆今之有名者。虽各有所长，各传有上而无下，有下而无上，就可取胜于人，此不过偏于一隅。若以各家拳法兼而习之，正如常山蛇阵法，击首则尾应，击尾则首应，击其身而首尾相应，此谓上下周全，无有不胜。

大抵拳、棍、刀、枪、叉、钯、剑、戟、弓矢、钩镰、挨牌之类，莫不先由拳法活动身手。其拳也，为武艺之源，今绘之以势，注之以诀，以启后学。既得艺，必试敌，切不可以胜负为愧为奇，当思何以胜之，何以败之，勉而久试。怯敌还是艺浅，善战必定艺精。古云："艺高人胆大。"信不诬矣。

余在舟山公署，得参戎刘草堂打拳，所谓"犯了招架，便是十下"之谓也。此最妙，即棍中之连打连戳一法。

摘要解说：

拳法对军事战争没有太大的作用，如果还有时间和能力，可以用于兵士学习锻炼。如果兵士不能好好掌握，也不要勉强。

在戚氏看来拳法在军事中仅仅是健身作用，故将放在书的末尾。

拳法学习能将身体变得灵活，手法动作利落。步法、腿法技艺增强，进攻、退守都能恰如其分，尤其是能够踢出漂亮的腿法。

在众多拳法中选择了32个动作，连成套路，一个一个动作演练下来，可以得到神奇莫测的武术本领。

拳法俗语说：在对方没有警觉时打击才能获得“迅雷不及掩耳”的效果。对方攻击，我方镇定，摆好架势，对方最多只能打到我外皮一次。如果我方乱挡，则架势破坏，就会被打惨、受伤。可见架势是兼备防卫与进攻的基本动作，非常重要。

书中例举当时流行的著名拳法。如能学习各家拳法，掌握灵活多变的技术，在实战中就能够百战百胜。

学习拳法是掌握兵器技术的基础，故拳法是武艺的源头。这里我将拳法动作绘成图，并注以谱诀，供后人学习用。

学习武艺之后一定要与他人进行实战比试，比试中不可过分计较胜负，要多考虑为何获胜？为何失败？多与人比试能增强实战本领。实战本领高强者才能做到“艺高人胆大”。

（该文章后面附有拳经三十二势的图与拳谱❶）

---

❶宋太祖三十二势长拳的动作图与拳谱，对武术界是珍贵的史料。因为在戚继光之前，还没有如此完整的拳法动作的图与拳谱，这对中国武术史的研究是非常重要的。

十四卷本《纪效新书》

1. **天下之事，难者多矣。至于兵，则难之尤者也。世有视弓马为末艺，等行伍为愚民者，是岂知本之论哉？**

世界上有许多事情都是困难重重的，至于用兵打仗的事，更是达到险恶境地，稍有粗心就会失出生命。然而人们往往认为学习军事、习武带兵是下等人的职业。“好铁不打钉，好儿不当兵”是古代民间俗语，实际上这是错误的认识。人与人之间有友好，也有斗争，国家与国家也不例外。个人没有受到武术方面的教育，往往遇到困境、危机时就失去勇气。现代社会，少年儿童教育的重点都放在文化上，其次是音乐、艺术方面。对学习武术则不大认可，认为学习武术会将小孩变得野蛮。其实这种认识是错误的，少年时期经过武术学习，对一生会产生深远影响。文化知识固然是现代教育的基础，但武术教育也很必要。当一个人遇到困难、灾害，受到不公正的打击，或遇到意外的侵犯、暴徒行凶杀人时，学过武术的人往往会奋起抗争。学习武术还会培养少年儿童的意志品质。尤其是男孩子，应该文武兼备，才能成为全才。意志对做大事业的人而言，是必备的条件，没有坚强意志是不可能成就事业的。对国家而言，全民族的勇敢品质是国力强大的根基。

2. **射法中“审”字，与《大学》“虑而后能得”虑字同，君子于至善，既知所止，而定、而静、而安矣。**

学习射箭，重点是在开弓，瞄中目标的那段时间，叫作“审”，就是审定目标。它与《大学》“虑而后能得”中虑字意思相同。做事情应该力求达到最佳效果，即止于至善。在计划与行动的全过程都需要慎密思考，制订出可行的办法与步骤，在行动过程如发现有不妥之处，还应及时改正。

3. 彼以此跳舞，光闪而前，我兵已夺气矣。倭善跃，一并足则丈余，刀长五尺，则丈五尺矣。我兵短器难接长器，不捷，遭之者身多两断。缘器利而双手使，用力重故也。今如独用，则无卫。唯鸟铳手，贼远发铳，贼至近身，则无他器可以攻刺。如兼杀器，则铳重药子又多，势所不能，唯此刀轻而且长，可以兼用，以备临身弃铳用此。况有杀手当锋，故用长刀备之耳。

习法：此倭夷原本❶，辛酉年阵上得之。倭法止。

日本的剑道是世界公认的短兵格斗术，即使在今天，仍然盛行在日本和欧美一些国家。在中国，剑与刀有严格区分，但在日本刀与剑是没有区别的，剑就是刀，刀就是剑。日本刀除钢铁质量优良外，在用刀技术上也比较厉害。其动作简单，主要有两个技术，一为劈、二为刺，并在动作的速度与对目标的准确度上非常讲究。倭寇个个刀法凌厉，一对一格斗时中国兵根本不是倭寇的对手。戚继光在对倭寇的单兵格斗方面动尽了脑筋，后来设计出“鸳鸯阵”，才破解了倭寇的刀法优势。同时戚继光也很注意学习日本刀法技术，书中所谓“辛酉”年战场中获得的刀法图本，附在《纪效新书》十四卷本中，并对其有所研究与描述。

❶辛酉年，即1561年，也就是嘉靖四十年，戚家军在台州临海歼灭大量倭寇，在清扫战场中缴获有日本“影流”刀法的图及技法文字的书。

4. 师道不立则言不信。教之不尊，学之不习，习之不悦，师道废而教无成矣。须于兵卒间隆以师礼，付以便宜，凡兵士不听教者，得径行责治，禀官示以军法。将士头目皆习其业，小卒相视而谓曰："其尊者信之如此，吾辈当何如耶？"如此，教师道行，习服速矣。但教师之类，皆气血小人，一技在身，如藏至宝，便不肯尽其法以诲人。且或需供养，以厚薄为是非。如此士卒心不服，习艺复以虚文。故不假之师权，则教习不行；若假之师权，则分外生事，在吾善操其驾驭之柄而已。

明代军队中都设有武术教师，平时教士兵练习武术。为了提高教学质量，戚继光一方面树立教师的权威，重视师道尊严。教师在学生心目中应该是神圣的，学生既佩服教师的技术与知识，又仰慕教师的人格，如此教学，效果才能显著。另一方面对教师中的不良作风，如收士兵金钱礼物，视送财礼多少而教学多少技术的恶习要严加管理。当时军中武术教师是拿薪水的，他们职位不高，薪水较低，所以部分武术教师就会在士兵身上动起勒索财物的歪脑子。这样一来，士兵对教师就不尊重了。树立教师权威与限制教师的不良作风是比较复杂的问题，做主帅的人要细加分析，处分才能恰当。

5. 钩镰、叉、钯，如有转身跳打之类，皆是花法，不唯无益，且学熟误人第一。钯、棍花法甚多，剃去不尽。

中国武术中没有实战意义的动作比较多，戚继光对此深有体会，在书中多次提到训练士兵时千万不可用花动作进行教学，教学花动作，表面上看很漂亮，但在实际战斗中一点也没有用，还会让士兵搭上性命。戚氏还说钯术与棍术的花假动作最多，剪除不尽，故不可以在军队中教学。

6. 夫武艺不是答应官府的公事，是尔等当兵防身杀贼立功的勾当。尔武艺高，决杀了贼，贼如何又会杀尔。若武艺不如他，他杀了尔，若不学武艺，是不要性命也。

士兵学习武术，目的就是在战场上与敌人短兵相接时派上用场。平时习武认真，你的武艺便高于敌人，就能杀死敌人； 反之敌人武艺比你高，敌人就杀死你。所以武术的用处是在你死我活的战斗中体现。格斗是凶残的，没有半点虚假成分。当一名士兵，若不学武艺，就等于是不要命啊。

7. 此乃杀贼必胜屡效者，是要紧束伍第一战法❶。二牌平列，狼筅❷各覆一牌，长枪每二枝各分管一牌一筅，短兵防长枪进老，即便杀上。如已闻鼓声而迟疑不进，即以军法斩首。筅以用牌，枪以救筅，短兵救长枪。

鸳鸯阵法，是戚继光精心设计的。两两配对，每一个战斗单位为12人，前面两人持狼筅行进，将倭寇阻挡在2米以外，使其最凌厉

❶鸳鸯阵，为了对付倭寇单兵刀法凌厉，戚氏创造了“鸳鸯阵”，12人为一单位，长短兵器配置合理，用战术来弥补技术。事实证明，此阵法是对付倭寇行之有效的作战手段。

❷狼筅，是用竹子扎成，类似特大的扫把，竹子上装有很多铁刺，由两名身体高大者扛着，遇到倭寇，即用狼筅前推，使倭寇冲杀不进来，因为两支狼筅形成一大面积阻碍地带，徒步根本无法进入。

的刀法使用不上。狼筅的后边紧跟两人持盾牌，盾牌后面是持长枪的，可以将偷越进入的倭寇刺倒在地，再后面是持刀的士兵，迅速上去将倒地的倭寇斩首。这种阵法还配合队形变化，针对可能出现的情况作出各种应对的阵法，但12人的战斗单位不会变化，这就是“鸳鸯阵”。在战斗中，如果听到战鼓击响，就要快速冲锋陷阵，谁怕死就要按军法斩首。

8. 人生虽殊地，兵中虽多术，而胆具于身，理具于心，心统乎气，气当乎用，则未尝不同。澄之使清，激之使浊。齐强弱为一人，合万人为一心，将之道也。

训练军队的战斗力，关键是提高士兵的素质。士兵来自各个地方，性格都不相同，士兵需要训练的内容也比较复杂，但最重要的是提高他们的胆量。提高胆量首先要使人明白道理，做人、当兵的目的是什么？明白道理之后，士兵的心就能安定下来。心一安定就会产生勇气，有勇气的人就不会怕死，就能全力投入战斗。反之，军心一乱，战斗必败。所以，能够将千万人的大部队训练成一个人那样，做到万众一心，关键是统帅的带兵之道须高明。

9. 故练手足号令易，而练心胆气难；有形之练易，而不练之练难。

有形的动作、士兵的队列、阵法移动等都是看得见的，训练是比较容易的。而提高将士心理与意志品质却很难，它是无形的，只有通过义理教育、长官的人格表率，才能够打动士兵的心，使他们从内心感悟之后，才产生效果。

10. 只缘平时将场操视为虚套，号令、金鼓、走阵、下营，别是一样家数，器技、舞跳、击打都是面前好看花法之类。及至临阵，全然不同，却要真正搏击，近肉分枪，如何得胜？

训练要从实战要求出发，甚至超过实战要求来训练，打仗时才能杀敌制胜。如果平时练习都是虚假花套，只图美观，那么这些兵上了战场就必败无疑。武术套路练习也必须与实用格斗相结合，套路须包含技击格斗技能，同时还要经常进行格斗训练。凡是真能战斗的技术，都必须从真实格斗中形成。实战是两人之间生死存亡的事，打击的时间差与准确度要求高，须做到“近肉分枪”，只在瞬间就决定胜负。

11. 夫谦虚，美德也，不独君子宜有之。为将处功伐之间，当危疑之任，非虚不能受益，非谦不能永保终誉；全身完名，此为得策。

谦虚是美德，带兵的将帅更需要谦虚。因为你握有兵权，如立了战功而居功自重，皇上、大臣们会怀疑你可能会造反，很有可能会招来杀身之祸，南宋岳飞不就是落得如此下场吗？何况岳飞还是对朝廷忠心耿耿的。习武之人，有了高超的功夫，很容易变得眼中无人，出言狂妄，不知天高地厚。做人须“夹着尾巴”、低调行事，只有如此才能够避免灾祸，保全名节。

12. 取法乎上，仅得乎中；取法乎中，则无足术，斯为下矣。

平素要以优秀的人、伟大的人做榜样，学习他们的经验。选

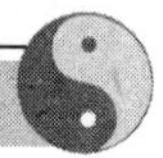

择高标准，努力之后往往还是中等水平，因为模仿、学习总不可能完全达到标准。如果你选择目标本来就是中等，那么结果就可能是下等。做人立志要高，注意观察周边的人，如发现有比自己优秀的人，就要模仿、学习。

13. **夫兵之有法，如医之有方，必须诵习而后得。颖敏之人因而推之，师其意，不泥其迹，乃能百战百胜，卒为名将。**

有很多著名战例，要学习。要经常回顾这些战例，才能克敌制胜，就像名医开药方，经常背诵药方，才能对病人进行治疗。聪明的将领能够举一反三，学习前人兵法，同时又不死板硬套，根据战场实际情况作出适当变化，如此才能百战百胜，成为名将。

14. **夫士卒爱矣，与我同死生而不辞矣。苟不加教习之功，亦是以卒予敌耳。**

对士兵须有爱心，将帅与士兵的关系要像父亲与儿子一般，如此，士兵才会与将帅同患难，战斗中会与敌人拼命。在爱的基础上还应该严格训练，使士兵具备过硬的战斗本领，没有本领，上战场就会白白送命。爱与严，是对士兵教育的两个基本点，没有爱心，不可能产生真切的感情；不经过严格训练，就不可能成为战斗之才。

15. **节制者何？譬如竹之有节，节节而制之。故竹虽抽数丈之笋，而直立不屈。**

竹子长得很高，靠一节一节地连接起来，从根部到竹尖，节制而上，达数丈高度而不倒。将帅带领大部队就是“节制”。故军士人数虽众，好将帅能统率百万大军如一人，办法就是逐级分层管理，并颁布严明的纪律。如此才是收万人为一心的军队。

16. **唯有知止知足，以淡薄节俭为务，则心清神爽，智虑生焉。上下无所不理，将道举矣。古人谓："武臣不惜死，文官不爱钱，天下太平。"**

在金钱方面的欲望，应该适可而止，要知足，只要吃穿能得到基本保障，就必须将心情放在工作上。淡泊名利的人，心情舒畅，能够愉快工作。国家灭亡，都是由于文官爱钱、武官怕死的原因。

17. **夫坚志勇者，谓之刚，人之德也；恃强自用，谓之愎，愎者德之贼也。人患不刚固然矣；刚而愎，不如不刚之为愈也。**

意志坚定，遇事勇于拼搏，这是好品质，是刚强之人。自持强大，对人粗野，处理事情，意气用事，我行我素，这叫刚愎。一个人没有刚强性格是软弱，当然不好。但与不懂道理、作风蛮横的刚愎之人相比，那刚愎之人就更差劲。因为软弱的人不会伤害他人，而刚愎之人会伤害到他人。

18. **太上立德，其次立功，其次立言。是功、名乃圣人所为，夫何薄之？唯功名有分，天道最忌多取，使实有十分，而名仅七八分，则受之不为过，享之不为侈，天地鬼神亦安然付我矣。**

古代，伟大的人也分三等。第一是道德方面有所建树，为后人树立榜样；第二是实际生活中建立事业，在物质方面留下财富，或

提高大众的生活水平；第三是在文化、思想、学术方面有所建树。人生须做实事，说实话，少计较功名，最好不要功名。你做出十分成绩，社会给你七八分的名誉还是可以接受的，如名誉达到九分就要回避，树大招风，灾害很快就会临近。

（二）《手臂录》

《手臂录》是一本珍贵的武术专论，为清朝初年江苏太仓人吴殳所著❶。《手臂录》一书主要讲的是枪术，而枪号称“长兵之王”，在武术器械中是技术性最强、最具威力的兵器。书中有许多原理通用于徒手格斗，自然也适用于太极拳。

以下介绍《手臂录》部分内容。

1. 圆则上下左右无不防护，身前三尺，如有圆牌，何虑人之伤我也。

指的是枪法上用“封、闭”❷动作形成一圆圈，就像身前备一个圆盾牌，防护敌人攻击。太极拳讲究两手在身前的“掤”劲，手平置胸前，形成一半圆，如身体外围筑有“长城”，能在走圈中化

---

❶吴殳（1611—1695年），又名吴乔，字修龄，江苏太仓人。明朝灭亡后坚守志节，高才博学，一生没有任何功名。吴殳在20多岁时跟石敬岩学习枪法，后又研究沙家、杨家、峨眉与梦绿堂枪法等。著《手臂录》，共四卷，卷一、二讲枪法，是武术理论的精华部分。卷三为《单刀图说》，卷四内容比较驳杂。

❷枪法非常讲究“拦、拿、扎”技术，拦、拿就是此“封、闭”，在我少年时学习“五虎断门”枪术时，老师常言，“拦、拿、扎”是此枪技术之灵魂。

解对方攻击。

2. 枪，最轻不可下五斤也，其劲如铁，跟大愈把，居重御轻，用之乃得灵变。

古人练兵器时都在力量上下工夫，没有一定的力量，就没有真正的战斗威力。平日训练采用重量不小于5斤的“枪”，到临敌时用比较轻的枪，就可以居重御轻，得心应手。从前太极名师在练习中，也有人常用几十斤重的铁杆来练习“通劲”，到交手时就可以发出强大的“劲”。

3. 宗门重涅般堂里禅，谓临死时有用者也，枪亦重临阵有用者，习时稍容情，即临阵无用矣。

中国武术和佛教结下不解之缘，就是因为佛教能解决人在死亡临近时的惧怕心理。死，是人生不可绕越的一道坎，越想回避越是痛苦。佛教把人的生命及现实世界全部否定，认为万物俱空，三界唯心。生命只是暂时的存在，死后到天国才能永恒，有了此信仰，那么对死亡就不再害怕。武术就是战斗之术，是你死我活、非生即死的事，只有看透生死之后，才能在技术、武学修养上达到上乘。

4. 然见徽派程冲斗之徒，气力愤发，殆同牛斗，绝无名士风流，石师交手，意思安闲，如不欲战，俄焉枪注人喉，不敢动而罢，微乎，微乎，近于道矣。

高水平的武术家往往是在轻松优雅中制服对手，而且不伤人。

达到这样水平很难，近乎理想、近乎神奇。然而，这始终是中国武术追求的目标。太极拳也是如此，在谈笑之间制服对手，不用暴力，不伤对方，使输者心服口服，五体投地。达到此等水平非常难，需要两个条件：一是平时训练要严谨，对技术精益求精；二是比试对方的实力、经验、技术与我悬殊。

5. **每欲觅二、三少年，传石师之技，使无断绝，而皆欲速见小，不能下海枯石烂之工，是以无可与语。**

吴殳说自己一直想挑选几名身体素质高的少年为学生，将石敬岩❶的枪法教给他们，可是找到这些少年，教学一段时间之后，他们都不肯练了，最终没有将老师的技术传承下来，很遗憾。古往今来，武术普及容易，培养高手却很难。高手出现，一半是靠名师培养，另一半是学生本人的天赋，尤其是“心”，即“海枯石烂不回头”的心。

6. **枪之实际，守则见肉分枪，攻则贴杆深入，见肉贴杆，四字心传也，失此即为伪学。然此正法也，正而无变，其用不神，故闪赚颠提贵焉。**

枪法用于实战，是非常精密凶狠的技术。防守时在对方的兵器贴近我肉体的一刹那才进行格挡，这叫“见肉分枪”；进攻时须将枪锋贴在对方兵器边上，以“滑入”的方式刺入对方身体，动作

❶石敬岩，名电，江苏常熟人。明末著名武术家，石家枪创始人。明崇祯八年（1635年）战死于安徽宿松，时年60多岁。

紧凑，如天衣无缝。“见肉贴杆”四个字是武术的秘诀。反之，动作幅度大，不注重紧凑的本领都是虚假的花哨武术。除了“见肉贴杆”外，还要注重变化，即用“闪赚颠提”的技巧，神出鬼没，声东击西，交手之际，时而势如排山倒海、时而又变无声无息，如此才能达到杀敌如神的水平。

7. **世人轻言以短降长，余不敢言，又不敢不言。不敢言，为其无万全必胜之道。不敢不言，为其有不得已而用之时。**

吴殳对“以短降长”的认识是：这样的技术是非常不容易掌握的，并且不可以多用，只能在万不得已时使用，只有实力的强大才是克敌制胜的硬道理。太极的特点是以柔克刚、以轻制重、以静制动、以四两拨千斤，其实这等技术是非常难的，大部分人即使下苦功往往也不能掌握。在近年太极推手比赛中很难看到这种技术，因为对抗双方的实力相当，技艺相近，轻、柔、静、巧等就显示不出来了。

8. **长之制短在器，故易知；短之降长在人，故难知。**

武术的价值在于以巧妙，野蛮死拼就没有意义。用力量胜弱者，用长兵器胜短兵器，都是常理，连小孩子都知道。能以小制大、以短降长，方是技术高明的武术大家。

9. **法愈多而枪愈晦，至于少林冲斗❶而极矣。止存短枪之法，真如三十足矣。**

学习真实战的武术，方法不可太多，方法愈多愈有迷惑习武者的可能。实用武术只是采取几个简要动作，不断训练，旨在速度与准确度上提高水平，而且要经常进行实战比试。石敬岩的枪法比程冲斗高明，就是其方法力求简单、实用。民间有许多人习武多年，只是在套路上增添数量，套路多了，时间都用在动作的造型上，而对攻防技术却一无所知。

10. **枪本为战阵而设，自为高人极深研几，遂使战阵之枪同于嚼蜡。**

古代军事战争，双方投入兵力成千上万，排列成方阵，每个士兵手持长枪，整齐有序地向敌方推进，遇到敌人就用“排枪”刺杀，前面士兵被敌人杀死，后面顶上，每一士兵只准前进，不准后退。所以只要阵营不乱，士兵用力刺杀就可以取胜。不需要个人枪术的高明。枪法用在民间，成为个人比试项目，经过一代又一代大师的实践与研究，渐渐出现巧妙、细腻、多变的技术。两人交战，高明者能够在极快时间中用枪尖顶押在对方喉咙，又不伤害对方，其威力可想而知，当然能使对方从心中佩服。真的中国武术，就应该显示这种高精确度的实战技术。

---

❶程冲斗（1561—？）明代著名武术家。字宗猷，徽州休宁（今安徽省休宁县东临溪镇汊口村）人。早年入少林寺，随洪纪、洪转学习棍法。长枪和单刀技艺也很精湛，有《耕余剩技》一书流传后世，包括《少林棍法阐宗》《单刀法选》《长枪法选》《蹶张心法》四部分。另有《射史》一书传世。

11. 枪有六品，一曰神化，我无所能，因敌成体，如水生波，如火作焰；二曰通微，未宏全体，独悟元神，以一御百，无不摧破；三曰精熟，敏悟未澈，功力甚深；四曰守法，有传必习，不替家门；五曰偏长，手足身目，深有一得；六曰力斗，虚实全无，动即犯硬。

吴殳把技术水平分成六个层次。初级为力斗，全是以硬力蛮打。最高级为神化，不显外形，随对方动作作出反应，并能迅速克敌制胜。将技术教学细化到六级，显示出阶段性。这在武术教学上是一个突破，但还只是一个大概的分类，如果能设计一个量化的指标，教学起来才可以实际操纵。

12. 须枪枪见血，以论胜负，然后能辨敬岩，冲斗之得失，此事非独口不能传，对枪稍留情面，即不能辨真破假也。

真正的武术是在生死之争中产生的，不是谁胜谁负的问题，而是你死我活的问题。这里说最高水平的枪法，必须放在“生死”上考量，比试中稍有一点松懈，就不能辨别此枪法是真或是假。两人格斗，非生即死，而且是瞬间就决定的。所以，吴殳说“须枪枪见血”，置人于死地的武术才是真。

13. 未进关，手宜轻虚；已进关，手宜重实。关，即《纪效新书》所谓拍位❶也。

此处的“关”，即“拍位”，就是指将对方的攻势遏制住的

❶《纪效新书》十八卷本中短兵长用说，将俞大猷的《剑经》全文转载，此书是专门论述棍法的，书中提到“拍位”，即是对方攻击过来，我方避开，对方收回时，我随即跟进，在对方“旧力已过，新力未发”的一刹那，乘机杀敌，即“拍位”。

一刹那，此正是杀敌良机。在进关前，是待敌来攻，故宜轻虚；进关后，指敌人攻击势头已经过去，我方须持枪立即攻击敌人要害，且要重、实、快、狠，直达其喉咙或心脏处，对方不投降就立马遭殃。吴殳引俞大猷❶的话，捕捉“拍位”。“拍位”即战机，稍纵即逝。

14. **力大者，得技艺三分，便可降人，故不能深入，自用则可，教人则疏矣。**

古来著名武术家中有不少是小个子的，一般身高在160厘米或更矮小，为什么呢？因为170厘米以上的身高力大者，稍微掌握一点实战技术与经验就可以轻松战胜对手，他们对技术也就不再深入研究。个子小、体重轻、力量不大者，要想成为武术名师，就必须在技术精细化上下苦功，在格斗谋略方面细心研究，并在不断和人实战与教学实践中积累经验及智慧，最终成为名师。

15. **舞与歌同类，安责其实。用铙歌为军中之乐，则器舞亦军乐中事也。**

因为战斗的残酷使普通人对实战武术望而却步，而演练花拳绣腿，虽然不真，但符合普通人的游戏娱乐心理。即使是战斗的军队，也可以适当配备一点演舞、军乐，作为文娱活动以调节战士的平常生活。套路演练带有许多艺术成分，在武术界大量存在，其原

---

❶俞大猷（1503—1579年），号虚江，福建泉州人。明代抗倭名将，军事家、武术家、诗人。著有《兵法发微》《剑经》《洗海近事》《续武经总要》等作品，后人编汇成《正气堂集》。

因也是如此。

16. **杆以苇絮封其端，而又厚缚纸竹于前臂，然犹左腕右臂青紫流血，恒不绝见。练革无终期，十年二十年益善。**

古代生产工艺比较落后，没有好的护具，只是采用苇絮、厚纸、细竹等简便材料保护手臂及身体，有了护具才能进行实战对杀。由于护具太简陋，所以经常“左腕右臂青紫流血”。可见实战武术非常艰难。现代的散打护具比较先进，即便如此，在实战训练中还是会出现一些伤人事故，便说明练习实战武术艰难，而练套路就相对容易。

以上说明，真武术必须在真实攻防中训练，否则都是纸上谈兵。其次，实战动作不求复杂，只求简单实用，只求刺杀动作的准确度与速度。

（三）《孙子兵法》

《孙子兵法》是中国现存最有影响力的兵书，也是世界上最早的、最完整的军事著作，被誉为“兵学圣典”。全文只有六千字左右，共十三篇。这部著作诞生于春秋晚期，至今已有2500多年，在中国有极深远的意义。唐太宗李世民说：“观诸兵书，无出孙武。”兵法是谋略，谋略不是小花招，而是大战略、大战术、大智慧。其中有许多内容对实战武术教学有重大价值。

选择部分内容如下：

1. 兵者，国之大事，死生之地，存亡之道，不可不察也。

战争的事关系到国家的存亡，一定要慎之又慎，不可冒失。这是指发动战争的一方，对于被侵略的弱小国家，只是不得已要应战，不奋起抵抗，就会灭国。个人之间发生争执，尽可能用和平手段来解决。尽量学会忍耐，在万不得已时，即生死存亡时，才可以奋起战斗。即使如此，也需要用智慧来战斗。

2. 将者，智、信、仁、勇、严也。

带兵的人其道德品质与指挥能力很重要，必须具备智慧、诚信、仁爱、勇敢、严谨五种品质。缺少智慧容易被敌人欺骗，缺少诚信对部下没有号召力，没有仁爱心会残暴乱杀人，缺少勇敢在生死关头会失去斗志而导致全军覆灭，缺乏严谨态度就治理不了军队。以上五条对习武者个人也有用。

3. 兵者，诡道也。故能而示之不能，用而示之不用，近而示之远，远而示之近，利而诱之，乱而取之，实而备之，强而避之，怒而挠之，卑而骄之，佚而劳之，亲而离之。攻其不备，出其不意。此乃兵家之胜，不可先传也。

战争的事，必须让敌人摸不清楚我方的意图，并制造假象来迷惑敌人，引诱其上圈套，然后将其歼灭。尽量找到敌人没有防御的要害发起攻击，打击敌人的软弱点，如此就可以用最小的代价换取最大的战果。作战计划必须保密，不可有丝毫的粗心大意。所有的战术既要事先有计划，在开战之后还应该根据实际情况变化而做出必要的改动，以求最大的胜利。

4. **故兵闻拙速，未睹巧之久也。夫兵久而国利者，未之有也。故不尽知用兵之害者，则不能尽知用兵之利也。**

战争对内部而言，是需要高度诚信以获得全体人民的支持，对自己的人民不可使用欺骗办法。开战后，应该尽量使战争时间缩短，战争使经济消耗巨大，对国力亏损严重。尤其是主动发起战争的一方，持久战一般都会以失败告终。对挨打的一方，只能奉陪到底，否则就灭亡。当年日本侵略中国，扬言3个月消灭中国，结果经过8年抗战，中国终于战胜日本。

5. **百战百胜，非善之善者也；不战而屈人之兵，善之善者也。**

每次战争都能胜利也不是好事情，杀敌一千，自损八百。一场战争，即使是胜利者肯定也要付出一定的代价。长期战争国家会亏损自己的元气，所以尽可能不要开战，最好是设法让敌人听到你的声音就不敢与你作战，这叫“不战而屈人之兵”，能做到这样才能名利双收。当然，不战而屈人之兵的前提是：你必须具备强大的实力，同时又是正义在握。

6. **故上兵伐谋，其次伐交，其次攻城，攻城之法，为不得已。**

两军对垒，解决的办法最好是用智谋、用策略，使对方闻风声

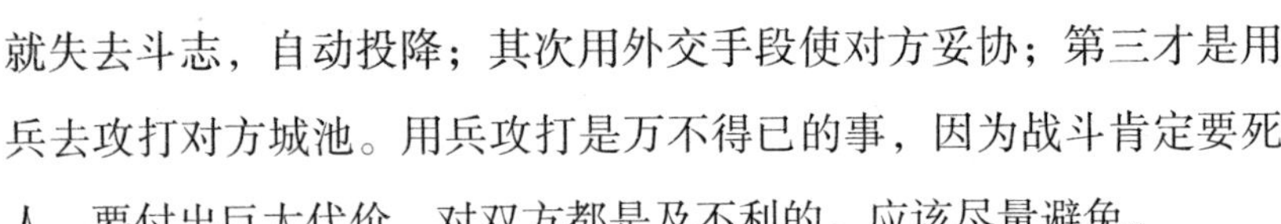

就失去斗志，自动投降；其次用外交手段使对方妥协；第三才是用兵去攻打对方城池。用兵攻打是万不得已的事，因为战斗肯定要死人、要付出巨大代价，对双方都是及不利的，应该尽量避免。

7. 故用兵之法，十则围之，五则攻之，倍则分之，敌则能战之，少则能避之。

打仗的法则是：比敌人多十倍的兵力时可将他们包围起来，将其困死；如只有五倍的兵力，则发起进攻； 只有一倍的兵力就分两侧夹攻；兵力上大致敌我相当，则奋起迎战；敌人兵员多于我方，应该避开战斗，采用回避的迂回打法。

8. 故曰：知彼知己，百战不殆；不知彼而知己，一胜一负；不知彼，不知己，每战必殆。

因此说：打仗前必须摸清敌人与我方兵力、地形、后勤保障等情况，制订有效的作战计划。开战后，先避开敌人的强攻，运用优势兵力打击敌人的弱点。知己知彼才能百战百胜；只了解自己方面的情况，而不知敌情，就很难预知结果，可能是胜负各半；对敌我双方的情况都不了解，不可急于开战；否则，就是盲目乱打，每战必败。

9. 孙子曰：昔之善战者，先为不可胜，以待敌之可胜。不可胜在己，可胜在敌。故善战者能为不可胜，不能使敌之可胜。故曰：胜可知而不可为。

孙子说：以往优秀的指挥官，先将我方阵营严密部署，无懈可击，然后等待机会，找到敌人的破绽时即迅速发起攻击，就能获胜。不被敌人战胜，是可以做到的；要战胜敌人只能找到其粗疏处或软肋点，才可能战而胜之。最优秀的将军也只能做到不让敌人打败，想战胜敌人是不容易的，所以说战争的胜利与否，可以通过分析敌我双方情况而知晓大致结果，但不一定必然能取得胜利。

10. **故善战者，求之于势，不责于人。故能择人任势。任势者，其战人也，如转木石。木石之性，安则静，危则动，方则止，圆则行。故善战人之势，如转圆石与千仞之山者，势也。**

所以优秀的将帅都是善于分析敌情利用形势的人，也是敢于负责，出了问题不责怪他人的。善于利用有利的地形；占据高地，先在高处堆积木头、石块，敌人军队通过时，滚下木石打击下方的敌人。木头与石块，平放时没有势能，静止不动。放在高山险处就能快速滚下来。方块的石头滚不动，圆形石头滚动利索。优秀的指挥官都懂得利用地理形势来打仗。

11. **夫兵形像水，水之形，避高而趋下；兵之形，避实而击虚。水因地而制流，兵因敌而制胜。故兵无常势，水无常形；能因敌变化而取胜者，谓之神。**

打仗的事很像水流动的样子，水往低处流。打仗时应该避开敌人的精锐，打击敌人的软肋。水是因为地形高低而流动，打仗必须利用敌人的弱点。战争没有固定不变的形势，就像水没有固定

的形状。只有根据敌我形势的变化，随机应变，严密计划，果断出兵，才能够取得胜利，这样的将帅就是战争之神。

12. **故三军可夺气，将军可夺心。是故朝气锐，昼气惰，暮气归。**

对敌人的强大攻势，应该首先挫伤他们的信心与意志，对敌人将帅要打乱他的心。敌军刚出击时，就像早晨的太阳有锐气，应该避开；过了一段时间，就像到了中午以后，太阳就会显出疲倦的样子；再等待一段时间，疲惫越发严重，士兵都不想再战了，此时发动猛烈攻击，就有可能大获全胜。

13. **兵之情主速，乘人之不及，由不虞之道，攻其所不戒也。**

用兵打仗，要速战速决，利用敌人还来不及准备的时候，从敌人没有设防的地方进击，就容易取得全胜。

（四）《老子》

老子（大约公元前570—500年），姓李名耳，字伯阳，谥号聃，楚国苦县人，道家学派创始人，曾在东周国都洛邑任守藏史，孔子周游列国时曾向老子问礼。传说他晚年乘青牛西去，出函谷关之前写成了五千言的《道德经》，又名《老子》，出了函谷关后，不知所终。

老子思想的精华是朴素的辩证法。例如："祸兮，福之所倚；

福兮，祸之所伏。”在修身方面，讲究性命双修、虚心实腹、不与人争。在政治上，主张无为而治、不言之教，其思想对后代影响深远。汉朝立国初期，一度曾把老子的“无为”思想作为治国信条，采取“让民生息”的政策。老子思想后被庄子所传承，形成道家学派，与儒家、佛家一起，成为中国哲学的“三大支柱”之一。东汉末年出现的道教是将《老子》作为理论基础的。

《老子》主要信条有：“无为”“主静”“守雌”“柔弱胜刚强”“反者道之动”五个方面。

下面选择部分内容学习：

1. 道可道，非常道。名可名，非常名。无名天地之始；有名万物之母。

道，是自然总规律，不是一般人眼见的事情。名，自然界一切事物的名称，不是指普通的某一物。天地形成之初，是一片混沌、是“无”的世界。由无到有，产生种种具体物质，人为了方便记忆，给各个事物取个名称，千万年来，事物的名称越来越多，可所有的事物最终都要消失。宇宙中一切都是从无到有，再从有归无，人类也不例外。但是，地球只有出现了人类以后，才变成如今的模式。因为人类有灵巧的双手与能抽象思想的大脑。双手创造事物，大脑给事物取“名”，也就是对事物的称呼，有了“名”才能形成概念，有概念才能进行思维，有思维才能导致行动，有行动才能改造环境，几万年来地球才渐渐出现错综复杂的人类社会。

2. **天下皆知美之为美，斯恶已；皆知善之为善，斯不善已。**

美好的东西，善良的言行都是来自内心，一旦标榜出来，就是虚伪的表现。有虚伪，就是丑恶。内心宁静才是大美，心境平淡方出良知。

3. **故有、无相生，难、易相成，长、短相形，高、下相倾，音、声相和，前、后相随。**

世界上一切事情都是阴阳相生，刚柔相济的。矛盾不可回避，遇到灾难或好运气，不要马上决断，要考虑到下一步可能会出现反面的结果。《太极图说》中的“动而生阳，动极而静，静而生阴，静极复动，一动一静，互为其根”与老子此言的意义相同。

4. **是以圣人处无为之事，行不言之教。万物作焉而不辞，生而不有，为而不恃，功成而不居。**

做人需要保持安逸、宁静的心境，沉默是金，不要说无意义的话，更不应该去做不合自然规律的事。周围的事情发生，不管是好事或是坏事，我都接受，然后冷静地处理。人的生命存在只是一个过程，不应该追求永久存在。工作有了成绩，不可以自吹自擂，只有低调做人，才能善始善终。

5. **不尚贤，使民不争；不贵难得之货，使民不为盗；不见可欲，使心不乱。**

不要表彰优秀、善良、美好的事情，如此可以消除百姓的竞争心理。不要宣传高贵的东西，可以消除偷盗的欲望。没有过多的欲望，人心就安宁了。除幼儿之外，少说表扬话，少做表彰先进的事，才是正道。因为过多地表扬优秀、先进，很容易导致大众滋生虚假的言行习惯与妒忌心理。

6. **天地之间，其犹橐龠乎？虚而不屈，动而愈出。多言数穷，不如守中。**

橐龠，就是过去锻打铁器时用的“风箱”，把风箱手柄拉动起来能吹出风，使煤炭旺火燃烧。老子说天地间的事情就像风箱吹出的风一样，你不拉手柄，风箱静止，就没有一点风出来；一拉动手柄就出风，拉得越快，风就越大。许多事情，你不理睬，也就没事。你越理睬、越担心，事情就越多：言语也一样，话不可多，言多必失，还不如静默、观察事情的变化，心中平静，即“守中”。

7. **上善若水。水善利万物而不争，处众人之所恶，故几于道。**

世界上最优秀的榜样是水，万物生长离不开水。水，从来不争强好胜，遇到阻碍就绕道而行；水总是从高处往低处流去，众人利用、洗涤污垢，从不拒绝。水的品位算是到达了圣人境界。做人要以水为模范，向水学习，不计较利益，甘心奉献，处处为世人做好事，而且谦卑、低调，不为名利，这样就与“道”接近了。

8. **金玉满堂，莫之能守。富贵而骄，自遗其咎。功成名遂，身退，天之道。**

财富最多，终究因生命终结而落空。有钱、有名、有地位，

如不谦虚谨慎，最终会声名狼藉。年轻时奋斗，为获得必要的经济与社会地位，也是情有可原的。然而，一旦名利到手，就得急流勇退，作一个平淡的人，才合乎天道。

9. **致虚极，守静笃。万物并作，吾以观其复。**

世界错综复杂，人生道路坎坷。只有做到谦卑，保持内心宁静，同时细心观察周边的人与事物的变化，你会看到：有的人轰轰烈烈，似乎在做大事；有的人平平淡淡，好像默默无闻，然而最终，一切都是回归到原点，即“从有到无”。

10. **夫物芸芸，各归其根。归根曰静，静曰复命。复命曰常，知常曰明。不知常，妄作，凶。知常，容。容乃公，公乃王，王乃天，天乃道，道乃久，殁身不殆。**

天下芸芸众生，最后都落叶归根，回归到地下，才得以安静。然后，新的生命从地下破土成长，自然中的生生死死就是这样延续着，这就是宇宙的“常态”。人也不例外，出生入死是常规，所以做人要有自知之明。不知道生死规律的人，往往大胆妄为，结果凶多吉少。懂得生命必死的道理，做人就会宽容大度，就会有公正之心，能做王者，能合天意，就合乎道。人的身体必然泯灭，但优秀的思想精神却能永存。

11. **大道废，有仁义；智慧出，有大伪；六亲不和，有孝慈；国家昏乱，有忠臣。**

社会秩序混乱，人民道德败坏，于是就听到很多呼吁仁义的声音。有智慧，就会出现虚伪。对父辈不孝敬，对子女不慈爱，于是就听到提倡孝敬、慈爱的声音。帝王昏庸，国家将要灭亡，就有召唤忠诚大臣出现的声音。

12. **飘风不终朝，骤雨不终日。孰为此者？天地。天地尚不能久，而况于人乎？**

狂风怒号、暴雨倾泄，但都不可能继续好多天。可见“暴力”只是暂时的，天地的力量也不可能长久不断地刮风、下雨、地震、海啸，何况是人类。任何时候都应该学会平静，少发脾气。

13. **人法地，地法天，天法道，道法自然。**

人要向大地学习，大地是最能够忍辱负重，也是奉献最多、索取最少的楷模。大地要向老天学习，老天要向道学习，道是宇宙的总规律。

14. **重为轻根，静为躁君。轻则失根，躁则失君。**

一般物质，重在下，轻在上，就会稳定。安静总是驾驭轻浮。做人需稳重、静默，说话做事都不可冒失。

15. **兵者不祥之器，非君子之器，不得已而用之，恬淡为上。胜而不美，而美之者，是乐杀人。夫乐杀人者，不可以得志于天下矣！**

战争是不吉祥的，不是正人君子所喜爱的事。不到万不得已决不参与战争，以冷静、平淡的心态对待之。战争即使取得胜利，也不应该感到高兴，如果觉得高兴，那就是以杀人为乐。喜好杀人

者，是不可能得到人民拥护的。

16. **知人者智，自知者明；胜人者有力；自胜者强；知足者富；强行者有志；不失其所者久；死而不亡者寿。**

与他人打交道时先要了解他，是智慧的表现；要明白自己身上存在哪些弱点；能战胜对手需要具备一定的实力：能够克制自己的欲望才是强大的人；知足常乐，知足的人内心安宁，这才是真正的富有；不怕艰难，坚定不移地推行自己的意图是有意志的人；居住过的地方一直被人怀念才是真正的永久；人死后，其文章、精神、思想、学说还一直被后人运用、记忆、背颂的人，才是“不死之人”。

17. **将欲歙之，必固张之；将欲弱之，必固强之；将欲废之，必固兴之；将欲夺之，必固与之。是谓微明。**

想将对手制服，必须先让其嚣张起来；想削弱对手的实力，必须先让其表现出特别强大；想废除对方的地位，必须先让他狂妄起来；想夺取对手财产或国土，必须先给对方一些小恩小惠。这是做大事业者的“小小智慧”。

18. **柔胜刚，弱胜强。鱼不可脱于深渊，邦之利器，不可以示人。**

做到以柔弱战胜刚强是最好的办法。但必须有强大的实力做后盾，自己最得意的本领应保密，不可以让他人知道。既有良知，城府也要深一些，但不可故弄玄虚。

19. 昔之得一者：天得一以清，地得一以宁，神得一以灵，谷得一以盈，万物得一以生，王侯得一以为天下贞。

历史上完成大事业的人，都是因为做到了“一”，即内心保持“坚定的自我”。天空得“一”，万里晴空。大地得“一”，安宁平静。神仙得“一”，灵通无比。谷种得“一”，丰收在望。任何生命，只有得“一”才能生存下去。统治者得“一”，国家长治久安。一句话，老子所说的“一”，就是太极的阴阳和谐，自立、自强。

20. 反者，道之动；弱者，道之用。

凡事都会向反面发展，如有生必有死，有升必有降，有合必有分，有善必有恶。时时处处不可显现强大，要低调做人，遇到困难时先要忍辱负重，然后铁下心默默奋斗。以上两点是道家处世的原则。

21. 天下之物生于有，有生于无。

宇宙间一切物质都是客观存在，但它们都是从“空、无”中产生，最终还要归回到“空、无”，人类的一切也不能例外。

22. 道生一，一生二，二生三，三生万物。

道即太极，就是“一”，太极由阴阳两极组成，阴阳两者相互交合，不断产生出新的生命与事物。宇宙间万事万物、大千世界，都是太极、阴阳的产物。

23. **大成若缺，其用不敝。大盈若冲，其用不穷。大直若屈，大巧若拙，大辩若讷。**

人生的事业越是成功，越不能出现丝毫的骄气与自满，更加需要谨慎做事、低调做人，只有如此，才有可能避免失败。最有本领的人外表往往是很不起眼的；最有学问的人往往是最谦卑的；最有口才的人，在不需要发表意见时是静默无言的。

24. **为学日益，为道日损，损之又损，以至于无为，无为而无不为矣！**

如果是为了做学问，就必须天天读书学习，不断丰富自己的知识内涵。如果是为了探求人生真理，则须每天思考宇宙、人生的终极问题，于是心中就越来越明白，道理也变得越来越简单，最终归到“一”字，也即“诚”字。求道之人，物质生活、人情来往等变得日益简单，做到无为，与世无争。他把自己所有的时间与精力投入到对人生哲学的探索中。这样的人表面是“无为”之人，其实他对天下之事，都了如指掌，无所不知。

25. **知者不言，言者不知。塞其兑，闭其门，挫其锐，解其纷，和其光，同其尘，是谓玄同。**

知道者不轻易开口，轻易表白自己意见的人往往是很无知的。要把自己的知识、长处、优点、能力、智慧等掩盖起来，远离荣誉与名声，最好让别人不知道你的存在，与社会最下层的人群一起生活，而且没有半点的埋怨，这就是圣人。

26. 合抱之木，生于毫末；九成之台，起于累土；千里之行，始于足下。

两手抱不过来的大树，最初也是一颗不起眼的小种子，发芽、生根、成长，几十年后成为大树。很高的基台，也是由一把一把的泥土积累而成的。走千里的路途，也是靠双脚一步一步地完成的。生命的意义在于坚持，脚踏实地，一步一个脚印。

27. 我有三宝，宝而持之：一曰慈，二曰俭，三曰不敢为天下先。夫慈，故能勇；俭，故能广；不敢为天下先，故能成器长。

做人要记住三条原则：一是慈爱之心，二是勤俭习惯，三是谦虚谨慎、不出风头。有爱心的人能勇敢承担风险；能勤俭的人会有积累，进而广大基业；谦虚的人才能避开周边人的打击，最终可以做成大事业。

28. 人之生也柔弱，其死也坚强。草木之生也柔脆，其死也枯槁。故坚强者，死之徒；柔弱者，生之徒。

幼儿的身体非常柔软脆弱，但有顽强的生命力。人老了身体不灵活了，到死去时候完全僵硬。所以说坚强的外表不是好事，反而是死亡的征兆；表面柔弱者，只要年轻，就前途如锦，就像小树苗一样，将来会长成参天大树。

29. 天下莫柔弱于水，而攻坚强者莫之能胜，以其无以易之也。故柔之胜刚，弱之胜强，天下莫不知，莫能行。

水是最柔弱的，但发洪水时可以冲毁大坝，冲垮房屋；滴

水穿石，指几百年的时间中雨水从高处滴落下来，能够将石块滴穿。舌头柔软，牙齿坚硬，而人老了，只见到掉牙齿的，而没有断舌头的人。

30. 信言不美，美言不信。善言不辩，辩言不善。知者不博，博者不知。

诚信的语言往往不悦耳动听，好听的话往往是虚伪、不真实的。真理一般是简单、直白的，不需要花言巧语；巧舌如簧的人多数是不可靠的。一个人再努力学习，他在某一专业方面有深厚知识是可能的，但在很多专业方面都有深刻理解是不可能的，什么事情都说“知道”的人属于吹牛，也是最没有水平的人。

（五）《易经》

《易经》即《周易》，由阴、阳组成八卦，再组合成六十四卦。相传是周文王被囚羑里（今天的安阳）时所作。易经内容包括《经》和《传》两部分。《经》就是六十四个卦和三百八十四个爻，各卦和爻都有说明，即卦辞与爻辞，古代人作为占卜的理论根据。值得注意的是《周易》没有提出太极的概念，讲阴阳和太极的是被道家与阴阳家所影响的《易传》中才出现。《传》包含《文言》《彖传》上下、《象传》上下、《系辞传》上下、《说卦传》《序卦传》《杂卦传》，共七种十篇，称之为“十翼”。

易，有三种意义：“简易”“变易”“不易”。《易》中包含深刻的宇宙、人生哲理，尤其经过《易传》解释和发挥，其哲理化程度达到当时全世界少有的高度，遂成为一部博大精深的哲学经典。两千多年以来，有成千上万的文人研究《易》，成为中国人安邦治国、个人修养的哲学之书。早在汉代就被称为五经之首、大道之源。

以下介绍《易经》的部分内容

1. 易则易知，简则简从。易知则有亲，简从则有功。有亲则可久，有功则可大。可久则贤人之德，可大则贤人之业。

简易是天地间一个普遍原则，易经就是将一切复杂的问题进行简单化，找出事物的本质，然后就能迎刃而解。做任何学问、办任何事情，都必须将复杂的东西简单化。能简练就是本领，就是学问。尤其是教学，能够做到深入浅出，就说明你的学问是真实的。教学方式简捷便利，使学习者能迅速掌握教学内容，那么学习的人就会越来越多。跟随你的人多，最终就可成就大事业。学问必须平易近人，反之，摆架子的肯定不是好东西。

2. 易与天地准，故能弥纶天地之道。仰以观于天文，俯以察于地理，是故知幽明之故。原始反终，故知死生之说。

易经是根据天地的原理而设计的，故能够处处体现天地之间的自然规律。易经的创始人是从观察天地的变化之后而研究成文，因此，学习易经可以了解宇宙，懂得人生、社会、自然的变化，使自己知识内涵、思维方式、生活质量不断提高。并且知道人生各个阶段的自然规律，不做违背自然规律的事，能够在生命

存在过程中努力工作，创造财富，到生命终结时找到终极关怀，没有恐怖与不安。

3. 与天地相似，故不违。知周乎万物，而道济天下，故不过。旁行而不流，乐天知命，故不忧。安土敦乎仁，故能爱。

人的言行应该与天地自然相符合，能够如此，就要挤时间，努力学习文化知识。人类经过几千年的实践经验的积累，仅人间的知识已经是无穷无尽的。当生命存在、头脑清楚时，就应“活到老，学到老”，善于思考。在提高自己生活质量的同时，尽可能给周边人以福祉。

4. 富有之谓大业，日新之谓盛德。

大业，指人的创造物质财富与社会地位。财富与地位，大约分上、中、下三等，你应该在40岁前后争取到中等或以上。此后，你渐渐步入中年、老年，你的体力渐渐衰弱，而社会竞争照样激烈，你不可能再有太大的动作，应该修身退让。如果在40岁时，你的财产、社会地位还只是下层水平，那么后半辈子想大翻身往往是不大可能的。

盛德，指善良之心，并能积极向上、创新，有百折不挠的精神。前文说40岁是人生的一个转折点，当然也不是说40岁以后就可以贪吃懒做，坐享其成了。而是在文化、精神方面继续努力，提高自身内涵和境界。每天照样勤奋工作，但目标已经由外在物质、名誉转向内在的学问与信仰方面。以平静的心态过好每一天，人生道路充满艰难险阻，只有以宁静的心境与求实的作风，才能够过好晚年。

5. **圣人以此洗心，退藏于密，吉凶与民同患。**

圣人以易经来洗心革面，在隐居山林的生活中，他的心还关怀天下，与老百姓同忧患。

学习易经，小则过好自己的人生，大则为社会做好事。如果自己的见解不被大众认同，或被当权者压制、打击，那么退避“山林”，远离权势范围，过好个人的平静生活。

6. **聪明睿知神武而不杀。**

圣人的标准有四：聪明、睿知、神武、不杀。

聪明，指听觉与视觉敏锐。通过长期不断地学习、思考，与现实社会密切接触，深度了解人生和世界的复杂性与多变性。

睿知，在学习基础上养成深层次分析与思考的习惯，如此才能产生睿智，即大智慧。大智慧可以化解灾难，远离痛苦与不安。

神武，具备聪明与睿智后，接着要培养“神武”，即良知、高尚与勇敢。人生，即使最富有、最聪明，如果缺少良知与勇敢，也做不了大事。勇敢是做人的重要本领，遇到灾难时首先要有勇敢精神去斗争。勇敢还须有良知做主宰，否则容易过头，变成残暴之恶棍。

不杀，即对任何人都应抱有一颗慈悲之心，即使是罪大恶极的杀人犯，当其被擒获之后，也应该以人道主义来对待，以仁慈之心来化解凶残、仇恨与罪恶。要懂得以恶治恶、以牙还牙的心地是不能得到太平世界的。

7. 其道甚大，百物不废。惧以终始，其要无咎，此之谓易之道也。

易经的道理非常远大、深刻。易经有3000多年历史。先是阴阳，然后是八卦，再演示为六十四个卦、三百八十四爻。如此不断演进，解释人间生活与自然、社会变迁的规律，其内容博大精深。以下六十四卦的歌词与卦图，是学习易经入门的第一步，有参考价值。

《六十四卦歌》

此“歌”在南宋时期就问世，它将易经六十四卦的顺序排列，以七字歌的形式表示，容易背诵与记忆。只有98个字，14句。前6句为三十个卦，为上经；后8句共三十四个卦，为下经。

乾坤屯蒙需讼师，比小畜兮履泰否。
同人大有谦豫随，蛊临观兮噬嗑贲。
剥复无妄大畜颐，大过坎离三十备。
咸恒遁兮及大壮，晋与明夷家人睽。
蹇解损益夬姤萃，升困井革鼎震继。
艮渐归妹丰旅巽，兑涣节兮中孚至。
小过既济兼未济，是为下经三十四。

易经六十四卦（图与卦名）

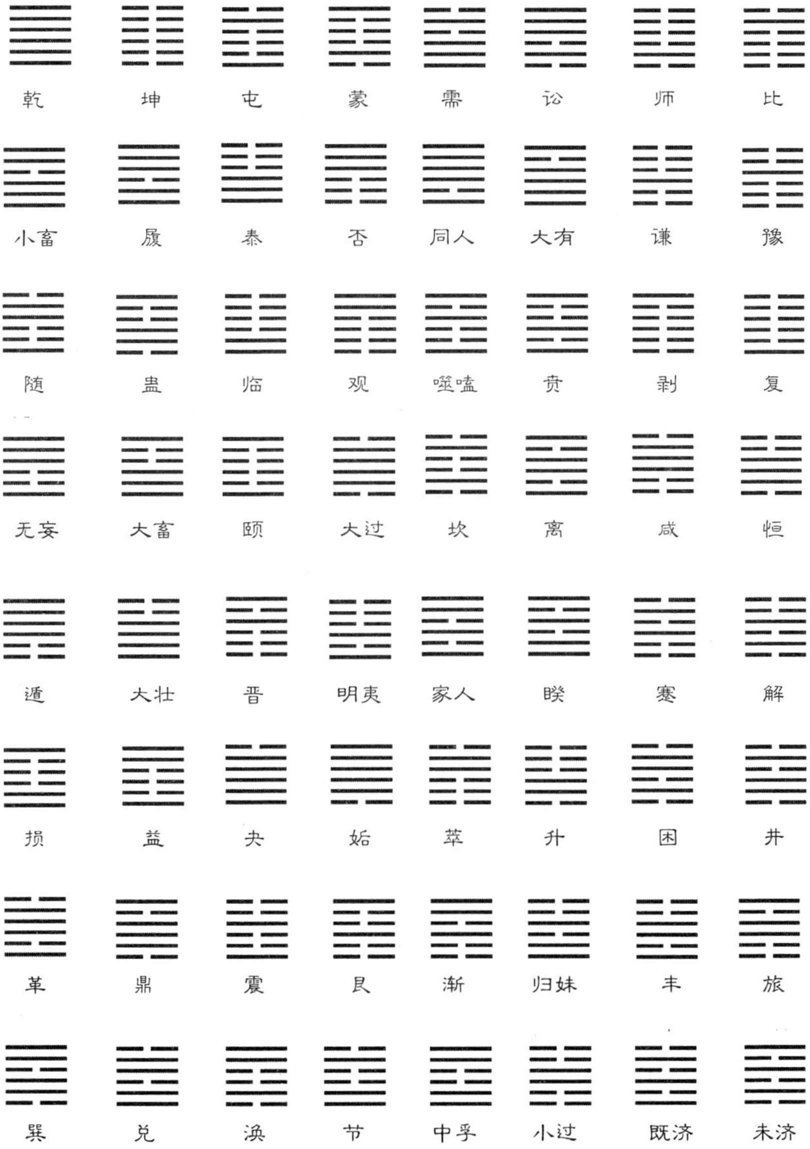

乾	坤	屯	蒙	需	讼	师	比
小畜	履	泰	否	同人	大有	谦	豫
随	蛊	临	观	噬嗑	贲	剥	复
无妄	大畜	颐	大过	坎	离	咸	恒
遁	大壮	晋	明夷	家人	睽	蹇	解
损	益	夬	姤	萃	升	困	井
革	鼎	震	艮	渐	归妹	丰	旅
巽	兑	涣	节	中孚	小过	既济	未济

（六）《中庸》

原是《礼记》的一篇，约4500字。据司马迁说是子思[1]所著，是中国思想史上一部重要论述，其中对“道”“诚”“慎独”“中”“和”等有精彩的论述，而这些理论对太极拳有一定的指导意义。

现将部分内容解说如下：

1. **天命之谓性，率性之谓道，修道之谓教。**

人的生命存在时间是有一定的，一般而言“人生不过百年”，此指肉体生命的存在。人的性格许多方面也是先天遗传的，常言道“江山易改，本性难移”。将自己性格中优秀部分尽可能发扬光大，成为优秀之人，这是“道”。一生中不断地努力学习、艰苦奋斗，保持良知，抵制不良欲望，做到知错必改，提高生命的质量，这就是修“道”，也就是“教育”的本质。

2. **是故君子戒慎乎其所不睹，恐惧乎其所不闻。莫见乎隐，莫显乎微，故君子慎其独也。**

人，一生中容易做错事、说错话，自己往往不知道，人家也

[1] 子思（约公元前492—431年）姓孔名伋，是孔子的孙子，一般认为他是曾子的弟子。《中庸》是子思的代表作。孔子的思想学说由曾参传子思，子思的门人再传孟子。后人把子思、孟子并称为思孟学派，因而子思上承曾参，下启孟子，在孔孟“道统”的传承中有重要地位。

不说你的错，这是最可怕的，因为错误会继续下去。做人必须有自知之明，严格对待自己，尤其是在没有其他人在场时，不做一点非分、非理的事，这叫“慎独”。

3. 喜怒哀乐之未发，谓之中；发而皆中节，谓之和。

人的心情有好有坏，周边的事情与自己情感会感应，会产生种种反应，表达出或喜或怒或哀或乐。修养好的人，能克制自己的情绪，不管风吹浪打，心中平静如镜。没有表示情感，就是“中”。需要表达情感时，恰如其分，没有偏颇，这叫“和”。

4. 中也者，天下之大本也；和也者，天下之达道也。

做到“中”很难，中即公正。普天之下，只有公正才得人心。“和”是人与人之间最好的生存与交流。做人做到“中、和”，对自己与他人都有好处。

5. 在上位不陵下，在下位不援上，正己而不求于人则无怨。上不怨天，下不尤人。

在高位时要尊重下面的人，在低位时不可对上献媚、讨好、拍马屁。端正自己的言行，有困难要自己解决，尽可能做到不求人，不要麻烦别人。遇到天大的困难或灾害，不怨天尤人，勇于拼搏，敢于承担。

6. 其人存，则其政举；其人亡，则其政息。

天下的事情都是依靠人去做的，人的素质决定事业的成败。一

个伟人能带领民众创立强大、美好的社会，伟人在世，政绩存在，天下清明；伟人去世，恶人掌握大权则政局混沌，百姓受苦。

7. 仁者人也，亲亲为大；义者宜也，尊贤为大；亲亲之杀，尊贤之等，礼所生也。

仁，就是“以人为本”，即“仁者人也”。爱是分等级的，像树的年轮，最中心是自己，然后子女、配偶、父母、朋友、乡亲、国人、天下人。义，是做事的合理性，以尊重贤良为本，凡事追求最合理的结局。人人怀仁义，还须遵守礼节礼仪，使人类社会上下有序，人们的生活才能和谐美好。

8. 知、仁、勇三者，天下之达德也，所以行之者一也。

智慧、良知、意志，这三样东西是做人根本，有良知才能做好人，有智慧才能突破困难，有意志才能闯出一条生路。这三样德性，可以成就一个伟大的人生。

9. 或生而知之，或学而知之，或困而知之，及其知其一也。

在学习文化知识中，有的人天生聪明，悟性极高，谓生而知之。有的人靠老师教诲，一步一步学习才得知识，此谓学而知之。还有一部分人，在平时不学习，只在遇到困难后才去寻找知识，学到知识解决困难，这叫困而知之。不管如何，只有通过学习他人经验与文化知识，使自己的智慧、知识不断提高，这是三者相同的道理。

10. 好学近乎知，力行近乎仁，知耻近乎勇。

爱学习的人是智者；踏实做事、真诚做人者是仁者；知道羞耻，不做违心的事是勇者。

11. 凡事豫则立，不豫则废。

任何事情，在实行之前，必须做计划，大事还应该有备用的计划，如此成功可能性就大。反之，无计划，无预算，走着瞧，成功的可能就小，以至失败。

12. 诚者，天之道也；诚之者，人之道也。

老天是最诚实的，要下雨就下起来；阳光也一样，不可能对谁多照一点光，对谁少照，这就是天道。做人要诚实，不能说谎话，搞阴谋、弄虚作假的原因就是人会思想，往往只想到自己的利益，达到损人利己的目的。必须以天道来要求自己，做诚实人。

13. 博学之，审问之，慎思之，明辨之，笃行之。

学习文化知识，尽量扩充自己的知识内涵。对周边的事情，反复观察，掌握细小的、关键的变化。养成深思的习惯，谨慎思考问题的症结处。遇到矛盾时需要深入辩证，找出问题原委。在付之行动时须踏踏实实，断绝虚伪花套欺骗行为。

14. 尊德性而道问学，致广大而尽精微，极高明而道中庸。

守住良知的同时潜心学习知识，做一个道德与学问都高的人。

立下宏伟的计划后，在具体做事过程须对细节问题一一研究分析，精益求精。心中怀有远大的目标，实行时妥善处理种种矛盾，达到最大的和谐与圆满。

15.《**诗**》**曰“既明且哲，以保其身”**。

诗经中说，明白人生的道理，拥有很高的智慧，就能避免许多灾祸。做人要学习知识，并通过静心思考，得出经验，然后用在生活中，就能解决很多问题与困难。

16.**宽裕温柔，足以有容也；发强刚毅，足以有执也；齐庄中正，足以有敬也；文理密察，足以有别也。**

平时对人宽大、温柔，自己心中也可以得到安宁。遇到困难、灾祸，则应该坚强面对，勇于斗争，不怕失败以至死亡。平时言行中肯，外表庄重，对人对事有敬畏之心。不断学习文化知识，做事谨慎、并深入观察与分析，找出矛盾要点，然后设置方案，付之行动，事情未明朗时不可以急于表态。

（七）《大学》

《大学》也是四书之一，据说是孔子的学生曾子❶所著。最初

❶曾子，名参（公元前505—435年），字子舆，春秋末年生于鲁国武城，儒家主要代表人物之一，孔子的弟子，颇得孔子真传，世称曾子。编《论语》、著《大学》、写《孝经》、著《曾子十篇》。孔子的孙子孔伋（字子思）师从曾子，又传授给孟子、孔子、颜子、子思与孟子比肩，称为五大圣人。

属于《礼记》的一篇，共2100多字，后来成为独立的文章。主要讲述三纲八目，总10章。

现将部分内容解说如下：

1.《大学》之道，在明明德，在亲民，在止于至善。

古代教育分两个层次，大学与小学。小学为初级，识字、掌握谋生的基本知识；大学为高级，学习治理时政的能力与人生哲理。这说明：大学的学习目标是明白崇高道德，对人善良，做事情精益求精，力求最佳水准。

2.知止而后能定，定而后能静，静而后能安，安而后能虑，虑而后能得。

凡事要深入探究，直到明白原理、本质。明白原理以后心中就有数，心不会乱，显得安定。心安定才能够宁静。宁静然后安舒。安舒后能细致考虑，如何去处理，并设定方案，有了方案后，做事的成功率就比较高。

3.物有本末，事有始终，知所先后，则近道矣。

任何事情都有重要与次要之分，都有开始与结局部分。对这些分析清楚之后，行动起来就比较顺利，如果一生中大部分时间能够深思熟虑，那就近乎“道”。

4. 物格而后知至，知至而后意诚，意诚而后心正，心正而后身修，身修而后家齐，家齐而后国治，国治而后天下平。

格物、致知、诚意、正心、修身、齐家、治国、平天下。是个人学习进步，成家立业的八个阶段，概括为“八目”。格物、致知、诚意、正心为前四项，先学习道德、知识、能力。然后建立美好家庭，进而治理国家，为天下太平付出自己的一点力量。

5. 自天子以至于庶人，壹是皆以修身为本。其本乱而末治者否矣。

从最高统治者到普通老百姓都一样，必须先把自己的人格修养好。人格应该放在第一位，这是根本。若是人格上出了问题，不管你事业做多大，最终都没有好下场，即使是帝王将相也会身败名裂。因为根本动摇了，枝、叶连同树干都会死亡。

6. 苟日新，日日新，又日新。

每一秒钟时间都要保持向上精神，一天一天地努力，每一天都以崭新姿态去生活。人生必须保持积极向上的精神，即使遇到天大困难，也应该以坚强的意志去应战，百折不挠。

7. 周虽旧邦，其命唯新。

周王朝很古老了，但它还是不断改革旧的、僵化的制度，向着新的、先进的方向前进。人生也一样，须不断学习，不停地上进。

8. 富润屋，德润身，心广体胖，故君子必诚其意。

财富只能使物质生活水平得到提高，与人格无关；只有道德、人品能使人的品位提高。有了优良人品，内心世界便广阔，身体也会健康。道德的根本在一个字，那就是“诚”。

9. 好而知其恶，恶而知其美者，天下鲜矣！

对于美好的事情，应该知道其中也有美中不足。遇到高兴事要节制兴奋情绪，以防乐极生悲。反之，遇到飞灾横祸、或大难突然降临，则要冷静，然后设法应对，坚持到底，就有可能渡过难关或取得胜利。能如此很不容易，一般人往往做不到。

10. 一家仁，一国兴仁；一家让，一国兴让；一人贪戾，一国作乱。

统治者的作用极重要，他能做到仁义礼让，那么全国人民都会做到仁义礼让；反之，统治者私心太重，表现出贪得无厌，狂暴凶残，那么这个国家必然会发生暴乱，直到推翻统治者。

11. 所谓平天下在治其国者：上老老而民兴孝，上长长而民兴弟，上恤孤而民不倍。

一个好国家，统治者首先做到对老人敬爱，老百姓就会孝顺父母长辈；孝敬长辈成为全社会风气，老百姓就会服从上级命令。统治者对百姓的苦难如果能从内心关心并有所行动，老百姓就会听指挥，就不可能造反。

（八）《论语》

《论语》是孔子在世时对学生教学或平日说的部分语言，孔子死后由学生们编集成书，全书共20篇，约16000字，对后世影响极大，是儒家言行的典范。

现将部分内容介绍如下：

1. 学而时习之，不亦乐乎？有朋自远方来，不亦乐乎？

将学习过的内容经常复习，不是很快乐的事吗？有朋友从远方来相会，不是很快乐的事吗？人生有两种事是最幸福的，一是读书、思考；二是与亲友久别重逢。

2. 巧言令色，鲜矣仁！

说话很好听，奉承、献媚，眉飞色舞，这样的人不可信，他们多半不讲仁义诚信，是无耻小人。

3. 吾日三省吾身：为人谋而不忠乎？与朋友交而不信乎？传而不习乎？

我每天晚上睡觉之前，从三个方面检讨自己：为他人出主意时掺有个人私欲或不忠心？与朋友相处有出现不诚信的言行？学到的知识有复习？

4. 吾十有五而志于学，三十而立，四十而不惑，五十而知天命，六十而耳顺，七十而从心所欲、不逾矩。

我15岁时立志，认真学习知识与生存本领；30岁时创立事业；40岁时不会再被外界假象所迷惑；50岁时能知道自己的命运与最终结局；60岁时对一切现象与处境都能顺其自然，与世无争；过70岁后就不再为难自己，随心所欲，但决不做坏事或没有规矩的事。

5. 学而不思则罔，思而不学则殆。

读书如果不加以深刻思考，是不会获得真知与能力的；反之，光思考而不学习前人的知识与经验，也是错误的。

6. 知之为知之，不知为不知，是知也。

知道的就说知道，不知道的就说不知道，这才是有真实的知识、懂道理的人。

7. 君子无所争。必也射乎！揖让而升，下而饮。其争也君子。

君子不与他人争夺利益，如果一定要争的话，那就是比试射箭。射箭有一套规矩，在互相礼让后进行比试，比完下来要彼此敬酒道谢，这样的竞争才显现出君子风范。

8. 乐而不淫，哀而不伤。

遇到快乐的事，不要得意忘形；遇到悲伤的事也不必过分难过。

9. 成事不说，遂事不谏，既往不咎。

事情成功了不要过分高兴；已经过去了的事情不要再提意见；以前人家有过错，现在已经不再犯，就不应该再去追究。

10. 朝闻道，夕死可矣。

早上懂得道理，当晚即使死去，也是没有遗憾的。

11. 君子喻于义，小人喻于利。

君子讲仁义而不讲利益；小人反之，专门讲利益而没有仁义。

12. 见贤思齐焉，见不贤而内自省也。

看到他人做得好，就应该向他学习；发现他人做错事，就应该反省自己，是否也犯有类似的错误。

13. 君子欲讷于言而敏于行。

君子应该在言语方面表现木讷一点，在行动方面则须反应敏捷，做事勤快，为人踏实。

14. 贤哉，回也！一箪食，一瓢饮，在陋巷，人不堪其忧，回也不改其乐。

颜回是大好人，一碗饭、一碗汤便能度日，住在简陋的巷子中，生活条件十分简朴，只是一心放在读书学习上。周边的人都觉得颜回生活实在太穷苦，但他则习以为常，不当一回事，依然如故，每天专心致志地用功。

15. 质胜文则野，文胜质则史。文质彬彬。然后君子。

内在质量很好，外表包装太差，就显得粗野；反之，外表包装华丽，内在的质量却很差劲，是虚假、骗人。内在与外表应互相匹配，内外相称，这才是君子的风范。

16. 知之者不如好之者，好之者不如乐之者。

做一件事情，懂得它的意义去做，就会很努力；但与内心喜、爱做此事情的人比较，干劲还是要差一点；最有干劲的人，是做此事时，内心感觉到是一种享受的人。三者比较：知之，是物质层面的；好之，是精神层面的，但还属于表层；乐之，也是精神层面，因为是内心深处的，所以最积极。

17. 中人以上，可以语上也；中人以下，不可以语上也。

人的智力与天赋，分上中下三等。对于高者，可以与他讨论深层次问题或远大目标、计划与理想等；对于中等以下者，与他讲深层的道理是没有意义的。

18. 夫仁者，己欲立而立人，己欲达而达人。

仁义的人一点也不自私，自己想做的事也会让别人去做，自己想达到的目标也会让别人去达到。

19. 不愤不启，不悱不发。举一隅不以三隅反，则不复也。

教学生时，首先要在他内心激发学习兴趣，使他感到“我想学”，并能焦急，甚至到如饥似渴的地步，然后才给他讲解问题、启发智慧。教学中，老师说明一个问题后，应让学生联想出许多新问题或新的知识点。做不到这些，讲学便失去意义。

20. 其为人也，发愤忘食，乐以忘忧，不知老之将至云尔。

孔子说自己每天努力学习，经常连吃饭都顾不上，在学习中感到很快乐，忘掉烦恼与忧愁，也不知道已是白发老人了，人老了但求学之心却还不见老。

21. 三人行，必有我师焉。择其善者而从之，其不善者而改之。

若有三人同行，就一定有人在某一方面比我强，他就可以给我当老师。选择别人的优点学习之，如果发现别人有缺点，就检查自己，如也有，就立马改正。

22. 鸟之将死，其鸣也哀；人之将死，其言也善。

鸟儿将要死去时，鸣叫之声非常悲哀；人到将死时，即使是罪大恶极的人，他的话也会变得悲哀。大凡恶人、恶习大都是与利益、欲望挂钩，当其生命将要完结，一切金钱与利益都没有意义了，此时唯有良知才能使人的恐慌、害怕之心安定下来。

23. 士不可以不弘毅，任重而道远。仁以为己任，不亦重乎？死而后已，不亦远乎？

读书人必须有远大志向与坚定毅力，为了实现志向，会深感自己责任重大、路途艰难。做到仁义是一生的责任，要为此而终生奋斗，直到死亡也决不放弃。

24. **邦有道，贫且贱焉，耻也；邦无道，富且贵焉，耻也**。

国家安宁，社会公正、公平，你还是很贫穷，地位很低贱，那是你太懒惰所造成的，这是可耻的；国家混乱，社会黑暗，官僚腐败，你却非常有钱，地位很高，那是因为你的钻营有方，敛财有法，外表看好像是很成功，实际上却非常无耻。

25. **不在其位，不谋其政**。

如被统治者委任一个官职，就要为社会做些好事，想方设法给老百姓造福。如果你的职位被免除，那就放下心来，过好自己的生活，因为，没有职位就无人听你的，人要有自知之明。

26. **后生可畏，焉知来者不如今也？四十、五十而无闻焉，斯亦不足畏也**。

年轻人前途无量，世界的重任都是依靠青年一代来承担的。对年轻人不可以小看，要相信一代更比一代强。一个人如果在40、50岁时还没有什么建树，无论在经济上，还是在学问、社会影响方面都十分平庸，那么，他的下半生也就不大可能会有大成就。

27. **三军可夺帅也，匹夫不可夺志也**。

大部队作战可能因为打死了统帅而全军覆没，对个人来说，意

志就是生命的统帅，人不可以一分钟没有意志。人生须立志，从少年开始直到死亡，都要确立坚定意志。特别是突发事变，或面临生死存亡的关键之时，如失去“意志”，就会导致灾难加剧，甚至使死亡提前到来。

28. 克己复礼为仁。一日克己复礼，天下归仁焉。

对自己严格要求，一丝不苟；对他人宽容、善意，注意礼节、谦让待人。如果人人都做到，天下就太平了。人只能严格对待自己，对其他人严格是行不通的，即使是自己的子女，也不可能久用压服。对周边的人，推行强制行为是不可以的，除非用暴力压迫或利益诱惑，即使那样做也只是暂时有效。

29. 出门如见大宾，使民如承大祭。

走出家门，就应该着装整齐，如同参加重大祭祀活动一样，注重礼节，说礼让的话；要尊重百姓，叫他人做事前，必须要郑重考虑，决不可以轻易使唤老百姓。

30. 死生有命，富贵在天。

一个人出生或死亡的时间与地点，都好像是命中注定的，他一生中能得到多少钱财与官职也像是老天安排的。听起来好像是迷信，其实从任何人死后去看其人生轨迹，确是“安排有序”。人生在时间上是秒秒、点点连接的曲线轨迹，这一秒时间在北京，3600秒后已经在上海，虽然是由飞机承载你，在3600秒的曲线连接的轨迹中送你到达上海，中间一秒中差错，如飞机撞上飞鸟而坠落，这不是定数吗？对将来的行动你可以用意志来决定，而结果还可能出现变数，没发生之前都存在偶然；而过去却都成历史，谁也无法改变。下一步的事情谁都不能肯定，人算不如天算，意外的变化是人类不可能完全控制的。看看大地震发生，雷电打中行人的事故，就会明白。

31. 君子成人之美，不成人之恶。小人反是。

君子应尽量成全他人的好事，阻止他人的恶劣行为。这是君子与小人的分界线。做人需要良知，良知最重要的就是约束自己，并多为他人做好事。

32. 上好礼，则民莫敢不敬；上好义，则民莫敢不服；上好信，则民莫敢不用情。

当领导的人应该做到礼节、谦卑待人，而且是真诚的，那么老百姓就不可能不尊重你；你做事能奉公无私，原则性很强，那么老百姓就不会有不服从的表现；你处处都讲信用，那么老百姓对你的话也会坚信无疑。

33. 其身正，不令而行；其身不正，虽令不从。

当领导的人自身言行很重要，你做人真诚，平时严于律己，宽容待人，那么在危急时，你就算不下命令，下属也会跟着你走。反之，你言行不一、贪赃枉法、醉生梦死，遇大事就是下最严厉的命令，下属也不一定会服从你。

34. **无欲速，无见小利。欲速则不达；见小利则大事不成。**

做事要按规律，不能太急，急功近利反会导致失败。做大事业者不能把个人利益看得太重，尤其是公众的事情，有一点私心就有一分失败。太注重个人利益的人是干不了大事的。

35. **不得中行而与之，必也狂狷乎！狂者进取，狷者有所不为也。**

做人达到中庸不偏是很难的，进取与保守都容易过头。古人称进取者为“狂”，保守者为“狷”。有时需要“狂”，即事业发展需要积极进取的精神；而在事业兴旺阶段，保守稳重也非常重要。人在青年时需要有“狂”的精神；到老年阶段，保守稳重就显得重要了。当然具体事情需要具体分析，在不同时间、不同地点，如何处理最为合理，都需要细致研究，做出最合理的行动就是“中行”。

36. **刚、毅、木、讷近仁。**

内心刚强，行动坚毅，为人憨厚，说话稳重。与人交谈时，多听别人说，自己少发言。内心却有主见，不可强求他人，不可有出风头的心理。

37. **仁者必有勇，勇者不必有仁。**

有道德修养的人在关键时刻一定会表现出坚定勇敢；而勇敢的人不一定就是道德高尚的人。反之，勇敢如没有道德来支撑，在生死存亡的关头往往会胆怯怕死。

38. **古之学者为己，今之学者为人。**

古代读书做学问，都是为增加自己的知识或提高道德境界，是为自己的。现在读书做学问是为了考试，为了让他人知道我厉害，是图虚名，不求实。做学问如把名誉利益放在第一位，得到眼前好处是可能的，但提升人品是不可能的。

39. **仁者不忧，知者不惑，勇者不惧。**

道德高尚的人是不会担心自己命运的；智慧高的人是不会被别人诱惑蒙骗的；勇敢的人是无所畏惧的。

40. **不患人之不己知，患其不能也。**

人家对我不理解，对我有不公平的言论，这不要紧，也不要去解释。最要紧的是自己具备做事的能力，不要给别人增添麻烦，并尽量为他人做有益的事。

41. **可与言而不与言，失人；不可与言而与之言，失言。知者不失人，亦不失言。**

应该说话时你不说，会失去人家对你的信任；不应该说话时你却开口了，那是失言。聪明的人能够做到既不失人，也不失言。说话是一门大学问，一方面要有内涵、有学养；另一方面要知道恰当的场合与对象，应该说些什么，说到点上，恰如其分。

42. **志士仁人，无求生以害仁，有杀身以成仁。**

一个伟人，决不会因为求生怕死而做出伤害别人的事。反而为

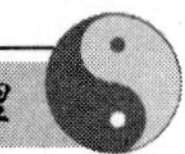

了拯救他人生命，献出生命也在所不惜，做到杀身成仁。

43. 工欲善其事，必先利其器。

好工匠在做专业工作前，要将工具、器材等准备妥当，然后才能做出精美的产品来。做事要有计划，要有充分的准备。

44. 君子求诸己，小人求诸人。

君子凡事都会自力更生，不求他人；小人则事事依赖别人。出了问题，君子会检讨自己，决不埋怨别人，小人则反之。

45. 巧言乱德。小不忍，则乱大谋。

好听的话多数是不可信的，只会败坏事情。小事上要学会容忍，吃点亏不要发脾气，做大事的人要有这种修养。一有损害立即愤怒、争斗，这是匹夫之勇。

46. 道不同，不相为谋。

个人的志向不同，不可勉强。人与人的关系是建立在性格、喜好、价值观等方面，许多好朋友后来分道扬镳，其原因大都是性格与价值观上出现了隔膜。

47. 有国有家者，不患寡而患不均，不患贫而患不安。

一个国家、一个家庭，生活上贫穷不是最主要问题，而内部成员的待遇不一样，处理问题不公平，包庇有权势的人，时间一久，就会引起百姓造反。

48. **生而知之者，上也；学而知之者次也；困而学之，又其次也；困而不学，民斯为下矣。**

在学习上，生来聪明，天赋优者，当然是上等；通过不断学习得到知识的人是第二等；遇到困难再去学习，“临时抱佛脚”者属于第三等；遇到困难，还不知道去学习的人，最差，是“扶不起的阿斗”。

49. **性相近也，习相远也。**

人与人的习性是很接近的，但由于教育与学习的经历不大相同，后来的水平也就相差很大。做人一定要读书学习，向历史上优秀人物学习，才能成为有用的人。

50. **唯上知与下愚不移。**

人类通过长期奋斗，社会、生活发生了天翻地覆的变化，但聪明者永远占据社会上层；愚笨者永远处在社会下层，愚笨者要听聪明者的命令行事，这种现象是永远不会改变的。所以，人必须不断学习进取，争取做有知识、有智慧的人。

51. **色厉而内荏，譬诸小人。**

遇到委屈，立即抗争，在表面上好像很厉害，其内心却非常恐慌，这样的人很多。有深度修养的人，遇到重大事情，表面依然平静，内心却在积极谋划如何来解决问题，有了计划就果断行动。

52. **博学而笃志，切问而近思，仁在其中矣。**

读书学习要深入掌握有用的知识，立志要专一，提问题须真

切，思考要严密，做到这些，就达到“仁”的标准。

53. 君子有三变：望之俨然，即之也温，听其言也厉。

与有修养的人交往，由远及近为三种印象：远距离望去有严肃冷峻的样子；接近之后会觉得温和可亲，没有架子；听他开口讲话，则句句真切、字字在理。

54. 丧致乎哀而止。

亲人去世，悲哀是人之常情，但不可过度。人死不能复生，往后还有很多事情要去做，所以悲哀应适可而止。

55. 何谓五美？惠而不费，劳而不怨，欲而不贪，泰而不骄，威而不猛。

做人有五种美德：给别人帮助很慷慨，自己消费却很节俭；做事勤奋，劳累却不埋怨；对物质利益努力争取，却不贪心；事业做得很大，却谨慎谦卑；为人的外表应有威严，但不可显示凶猛的样子。

（九）《孟子》

孟子[1]为儒家亚圣，全书为孟子本人所著，分七章，共14篇，38000余字。孟子全面继承并发展了孔子的思想，在仁义礼智信的基础上，对“大义”“正气”等理念有深刻的论述。

---

[1]孟子，公元前372—289年，名轲，山东邹县人，是孔子之后的儒家学说的代表人物，称之为孔孟学说。

现将部分内容介绍如下：

1. 王好战，请以战喻，填然鼓之，兵刃既接，弃甲曳兵而走。或百步而后止，或五十步而后止。以五十步笑百步，则何如？

此段话是对梁惠王说的：大王喜好战争，我用战争例子说明。战鼓阵阵，我军与敌人短兵相接，激烈战斗。不久我军战败，士兵溃散，其中两人，一人逃至100步而止，另一人逃至50步，你能决断逃50步的人要勇敢一些吗？

2. 挟太山以超北海，语人曰“我不能”，是诚不能也。为长者折枝，语人曰“我不能”，是不为也，非不能也。

叫你用两手挟住泰山，跨过北海，你说无能为力，确实也是不可能。叫你为年长的老人，折一段小树枝，你说无能为力，这是你不愿意帮助老人，并非没有能力。

3. 老吾老，以及人之老；幼吾幼，以及人之幼。

我对自家中的老人非常敬重，同时对别人家的老人也一样敬重；我对自家的孩子很爱护，同时也爱护他人的孩子。

4. 小勇者，血气之怒也。大勇者，理义之怒也。血气之怒不可有，理义之怒不可无。

为一点小事纠纷，立即愤怒起来并与人拼命，这是小勇。为了正义或真理，尤其是为了大众利益而与敌人殊死斗争，即使失去生

命也在所不惜，这是大勇。做人应该杜绝小勇，培养大勇。

5. 以力服人者，有意于服人，而人不敢不服；以德服人者，无意于服人，而人不能不服。

用暴力压服别人，对方实力弱，相差悬殊，抵抗下去有生命危险，对方不得不服。个人间的暴力行为或集团、国家间的军事战争，胜利者都要付出残暴武力，弱方出于恐慌而投降。一旦胜利者强势失去，被压者必立即起来反抗。如果你用道德感化对方，结果就不一样，因为你没有私欲，对方即使不服从也无所谓，你只是一心为对方着想、做好事，时间一久，滴水穿石，对方终究会理解你的好意，于是就会从内心拥护你的领导。

6. 恻隐之心，仁之端也；羞恶之心，义之端也；辞让之心，礼之端也；是非之心，智之端也。

仁、义、礼、智，来源于人的天性。对弱者同情，叫恻隐之心，它是仁慈的开端；做了坏事，感到羞恶，这是正义的开端；在荣誉利益前面，互相辞让，这是礼节的开端；针对一件事情是正确或错误、是善良或罪恶，此为“是非判断”，是智慧的开端。只要是大脑正常的人，都存有这四种天性。仁、义、礼、智，只不过是同情、羞恶、辞让、是非等本能的发扬光大而已。

7. 天时不如地利，地利不如人和。

一个人的事业成功需要三要素：一是遇到好机会，这是天时；二是要有良好环境，这是地利；三是与周边人搞好关系，和气融洽，这是人和。三者比较，最重要的还是人和，然后才是地利与天时。

8. 得道者多助，失道者寡助。寡助之至，亲戚畔之；多助之至，天下顺之。

你有道德，处处为别人着想，那么当你有困难时，帮助你的人就多，甚至会感动上天，老天爷下命令，全天下的人都来帮助你渡过难关；你若缺德，经常做损人利己的事，那么遇到困难时，帮助你的人就少，甚至连亲戚都不理你。

9. 天下有达尊三：爵一，齿一，德一。朝廷莫如爵，乡党莫如齿，辅世长民莫如德。

世界上有三种人是令人敬重的：职位高者、年龄长者、道德修养优者。辅助皇帝治理国家，依靠职位高的人；乡村家族的治理，依靠年龄大、威望高的长辈；引导百姓遵纪守法，使民风纯朴，就要依靠道德修养好的人来作表率。

10. 喜、怒、哀、乐未发，何尝不善。发而中节，即无往而不善；发不中节，然后为不善。

遇到与自己利害相关的大事，自然产生或喜、或怒、或哀、或乐的心理反应。修养高的人往往不发作，没有表情异常，这样就不会产生不良后果。如果立即发出恰如其分的心态，那自然好，这是需要有大智慧才会做到。如果发作不恰当，对象找错或过于激烈，伤害周边的人，那就会造成恶果。

11. **或劳心，或劳力；劳心者治人，劳力者治于人。**

要生存就必须劳动，劳动分脑力与体力两种。脑力劳动的人往往地位要高，是统治阶层；体力劳动的人地位较低，如工人、农民，他们是生活资料的生产者，但他们是被统治者。做人须不断地读书、学习、做学问，培养才智与能力，就能够由“劳力者”变成“劳心者”，即进入统治阶层，成为掌握权力的人。

12. **天下之言，不归杨，则归墨。杨氏为我，是无君也；墨氏兼爱，是无父也。无父无君，是禽兽也。**

战国后期的思想学说不是归属于杨朱，就是归属于墨子。杨朱思想的核心是一切为我，极端的自私自利，心中根本没有皇帝与国家；墨子思想的核心是要去爱所有的人，普天之下皆兄弟，心目中没有父母长辈。一个人如果心中无父、无君，就失去做人的资格，沦落于禽兽。所以杨朱、墨子的思想都是错误的。

13. **顺天者存，逆天者亡。**

人活在世上，言行须诚实，照规律进行，才能事业成功，生活稳定。反之，违背规律就会遭到老天惩罚，生存艰难，甚至亡命。

14. **天作孽，犹可违；自作孽，不可活。**

海啸、地震、台风、山洪等自然灾害，成千上万的人被夺走生命，但这是老天作孽，人们是无法责怪老天爷的。但一个人如果做坏事，用阴谋来夺财害命，那是人作孽，必然会受到惩罚，决没有好下场。

15. 事孰为大？事亲为大。守孰为大？守身为大。

世界上什么事情最重要？是孝敬父母，报答父母的生育之恩最重要；人在艰难时应坚守道德底线，有出卖人格的事就是“失身”。

16. 大人者，不失其赤子之心者也。

凡是伟大的人，其本质一定是纯朴的，具有赤子之心。历史上许多在政治、经济、文化上做出伟大业绩的人，晚年如果在做人道德方面出问题，就会被历史否定。

17. 养生者不足以当大事，唯送死可以当大事。

动物都有贪生怕死的本能，人也一样。有关如何养生的方法有千万条，通过养生途径确实增进了健康，延长了寿命，但终究是“量”上增加的“小事”。死亡是人生终点，迎着死亡前进才是“大事”。仁人志士，为民族解放、伸张正义，明知死亡在即，却不畏惧，奋力抗争，结果被杀害。这样的人是永远被后人敬仰的，如文天祥、史可法、秋瑾等。

18. 爱人者人恒爱之，敬人者人恒敬之。

人与人之间的情感是互通的，领导者只有对下属真诚爱护，才能获得下属的爱戴；普通人之间，只有做到先尊重他人，才能获得他人对你的尊重。

19. **富，人之所欲，富有天下，而不足以解忧；贵，人之所欲，贵为天子，而不足以解忧。**

人都希望获得金钱财富，也希望获得更高的职位与荣誉，但是富贵解决不了忧愁。就算是皇帝，他的痛苦与烦恼也是非常多的，至少不比一般老百姓少。

20. **人性之善也，犹水之就下也。人无有不善，水无有不下。**

人的内心都有善良的一面，就好像水往低处流一样。做好事心中会感到愉快，做坏事总不自在。为了利益，有的人做出不道德行为，扪心自问，也是十分不安的。

21. **食、色，性也。**

物种要生存下去，一是本身存在，二是繁衍后代。反映在行为上就是饮食男女之事。所以说，食与色，是人的本性。

22. **仁，内也，非外也；义，外也，非内也。**

仁，完全是发自人的内心的，用外在的压力是不可能有真的仁爱出现；义，是对眼前发生的恶劣行径表示愤慨，用良知来反抗他人的罪恶行径。

23. **鱼，我所欲也；熊掌，亦我所欲也，二者不可得兼，舍鱼而取熊掌者也。生，亦我所欲也；义，亦我所欲也，二者不可得兼，舍生而取义者也。**

熊掌比鱼贵重，两者只能取其一，当然要熊掌。生命与正义，两者取其一，如何？生命对人来说是最重要的；而对有志之士而言，正义比生命更加重要。为了国家、民族的解放，为了自由，挺身而战，即使献出生命也在所不惜。此为舍生取义。

24. **仁之胜不仁也，犹水胜火。今之为仁者，犹以一杯水，救一车薪之火也；不熄，则谓之水不胜火，此又与于不仁之甚者也。**

仁慈与罪恶，就像水与火，水必定能消灭火。但如果水量太少，而火势强烈，杯水车薪，自然无济于事。由此你认为水不能灭火，那就大错特错。只要水量加大，最终就能消灭大火。生活中罪恶势力一时强大，正义的力量暂时受到压迫，但正义是绝不会屈服的，随着正义力量不断壮大，最终一定能够战胜罪恶。当年日本侵略中国，开始势头凶猛，占领东北、上海、南京、广州，但中国人民不屈不挠，坚持抗战，最终战胜日本侵略者。

25. **人皆可以为尧舜。**

每一人都有尧舜的基因，只要立下志向，保持良知，同时学习文化与技能，在实践中不断奋斗，最终就能达到尧舜的境界。

26. **尽其心者，知其性也。知其性，则知天矣。**

尽心，即用心去研究问题，找出难点，然后解决问题。知性，就是尽心去观察，深入思考，掌握事情的本质。掌握本质之后，做事成功的可能性就大。把握事情的规律，就是“知天”。

27. 万物皆备于我矣。

地球上一切东西，都是因为有了人类，才产生意义与价值。一个人，对于地球而言是非常渺小的。而作为个人的生命，又应该感悟“生命的至高无上”的价值，即对内须保持自信与自尊，心怀大志，生活过得轰轰烈烈；对外，则要谦虚谨慎，踏实行动，不说过头和狂妄的话。

28. 耻之于人大矣。耻者，吾所固有羞恶之心也。存之则进于圣贤，失之则入于禽兽。

做人必须有羞耻心，言行才会真诚，做事才会有准则，做了错误的事会感到难为情。保持羞耻心，可以使人不断进步，并向圣贤接近，如果不知羞耻，那就与禽兽没有区别了。

29. 穷则独善其身，达则兼济天下。

生活不得志，人家对我不了解，没有地方起用我，也不必气馁，先把自己及家庭生活安置好，然后继续学习、思考，提高自己的内涵与学养；一旦国家起用我，委任我官职，那么我就尽自己的能力，为社会多做好事。

30. 尽信书，则不如无书。

书本知识很重要，它是前人宝贵经验的结晶，人必须读书。但书本有时也会出现一些错误，应该在学习的同时找到书中的不足。如果一味按照书上说的去做那就不对了，那是“书呆子”。“死读书”还不如不读书。

31. **民为贵，社稷次之，君为轻。**

人民最重要，国家第二，皇帝排在第三位。封建社会中一切都以帝王为中心，而孟子却言“民为贵”，在2000多年前提出这样的观点难能可贵，可以说孟子是中国最早的民主思想家。

（十）周敦颐语录

北宋时期产生的新儒家思想，其开山人物是周敦颐，他留下《通书》一册，共40章，2832字。主要内容是对《中庸》与《易经》的研究，在提升人格方面有相当深刻的阐述。

下面介绍《通书》的部分内容。

1. **寂然不动者，诚也；感而遂通者，神也❶；动而未形、有无之间者，几也。诚精故明，神应故妙，几微故幽。诚、神、几，曰圣人。**

真诚，静默，内心寂然不动。宁静中产生灵感，可与神灵沟通。任何事物在将要运动，但还没有起动之际，正处在若有若无之间，称为“几”。真诚到了极点，内心如镜子一般清清楚楚、明明白白，此时你的灵感直通神灵，很玄妙。做到“诚、神、几”就接近圣人的境界。诚、神、几，是人格修养的高标准，需要经过长期的学习、思索，并要在静默中体验。现代的人在50岁之前，工作比较繁忙，家庭责任重大，没有过多时间来学习。到了退休阶段，

❶此处的神，借《周易·系辞上》所说的神。“《易》无思也，无为也，寂然不动，感而遂通天下之故”。

时间比较充足，与其游山玩水、信口闲谈、娱乐游戏，还不如多读人生哲理的书，考量宇宙人生的问题，同时不断改正自己的不良习惯，过好晚年生活。

2. 圣人之道，仁义中正而已矣。守之贵，行之利，廓之配天地。岂不易简，岂为难知？不守不行不廓耳。

圣人的标准，就是仁义中正。仁义中正与仁义礼智是同一意义的。礼，是人与人之间一种等级的排列秩序，人类社会的秩序非常重要。按照岁数、地位、才华、名望、财产等形成等级，排列起来恰如其分，即做到“中”。智，就是智慧，用智慧做事可以顺利获得成功，但聪明与智慧也可能因不良欲望而去做坏事，世界上大好人与大罪人都是很有智慧的，智慧必须有道德来掌控方向，即用智要“正”。因此，用“仁义中正”比用“仁义礼智”要准确一些。毕生严守仁义中正是难能可贵的，在竞争激烈的社会中，凡是用暴力、欺诈、阴险行为者，往往能在短时间中得到巨大利益；用罪恶做事的人，往往干劲冲天，注意力高度集中。在人类战争或个人冲突中，恶人的战斗性在短时间中很强大，并且凶狠，而处于防御的人往往怀有仁义之心，不去做失德之事。所以，在战斗的开始阶段，正义的一方往往处于劣势，但随着时间的推进，正义的力量慢慢壮大，最终就能战胜罪恶。

3. 人之生，不幸不闻过，大不幸无耻。必有耻，则可教；闻过，则可贤。

人，一生中都有可能做错事、说错话，犯错并不可怕，可怕的是听不到人家批评你。生活中犯了错误，只要能倾听人家批评，及时改错就是好人。知错不改是不幸的，更大的不幸是无耻。有知耻之心很重要，它是做人的底线。人都是爱面子、怕难为情的，不知"难为情"的是无耻之人。对无耻之人，你讲什么话都没有用，因为他的是非标准没有了，与正常人格格不入。

4. **天以阳生万物，以阴成万物。生，仁也；成，义也。故圣人在上，以仁育万物，以义正万民。天道行而万物顺，圣德修而万民化。**

太阳是造就地球上一切动植物生命的本源，称"阳"。地球承载着一切生命的存在，提供一切生命的养育保障，称"阴"。中国自古以来，以仁义中正来教导百姓，遵照天道运行的规律，教育人们勤劳节俭，获得顺利生长。同时，用良知教育百姓，使人心向善。这一切都是潜移默化、不露声色的，在人们的内心产生感悟，也就是民间所谓的"天理"。人类的科学技术发展也必须依照天地间的客观规律，不得违反，否则将遭到惩罚。

5. **大顺大化，不见其迹，莫知其然之谓神。**

教育他人，丝毫不得勉强，在不知不觉、没有痕迹中让其觉悟过来，这才是真正的教育。人，都是一个独立的个体，只要思维正常，都会以自己认为合理的去行动。合理，就是道义与利益不发生冲突的问题。利益是动物本能需求，是天生的；道义是灵魂深处的良知，是无形的。没有道德修养的人，在利益面前良知往往不堪一击。道义与良知的教育，决不能用强制手段，只能在大顺大化中，

自我感悟。

6. 礼，理也；乐，和也。阴阳理而后和。

礼，就是天理；乐，就是和谐。阴阳变化是天理。理顺以后才能顾及到乐。《礼记》“乐记”篇中说：“乐者，天地之和也；礼者，天地之序也”。礼，有两方面意思：一是以礼来治理社会；二是以自然规律来做事。乐，还有快乐的意义，人生需要理与乐相结合。凡事都有它的规律，这就是理。具体事情中的理有千万条，但真理只有一条。做事，求合理是第一要务。然而，在现实世界中，一切照“理”办，会显得冷冰冰，成一个无感情的世界。人是感情动物，人的生活需要感情，故必须有乐。一句话，物质世界，须有“理”，精神世界须有“乐”。乐与理，是人类生存的两大支点，应当相辅相成，不可走向任何一个极端。

7. 公于己者公于人，未有不公于己而能公于人也。

对自己公正的人才能对他人公正。对自己不公正，那么对他人是不可能公正的。做人都难免有私心，为了生存，有时产生私心是情有可原的，但私心不可过分，私心重者没有朋友，也做不了大事。凡做大事者首先要抑制个人的私欲，树立一切为公的思想。一事当前应尽量照顾到大众利益。公与私，往往是矛盾的，损公即利私，损私就利公。以私欲做事，短时间中可能别人不知觉，日子一长大家就明白，到那时就没有人再相信你了。凡属于公众的事，都要公平、公正、公开，里外一致。有关利益问题，任何人都是非常关注的。在众目睽睽中，阳奉阴违、偷鸡摸狗的事就会被人揭发，所以只能做到“公正”，一视同仁。

8. **明不至则疑生，明无疑也。谓能疑为明，何啻千里！**

内心存在不明才会对他人产生怀疑，明白了就不会再有怀疑。说怀疑是聪明，那真是天地之差。明明白白做人，清清楚楚做事。委托别人的事情，就要信任别人，疑人不用，用人不疑。如果那人将事情做错，可以明确向他提出，决不可以把怀疑当作聪明。

9. **天地间，至尊者道，至贵者德而已矣。至难得者人，人而至难得者，道德有于身而已矣。**

天下最可尊贵的是道，最可珍惜的是德，最难得的是人才。要成为人才，关键是道德修养。道，指道理，即一切事物的发展规律。德，是人格修养。对幼儿、少年而言，须在父母的爱护与老师的教育之下形成道与德。优良的教育首先需要高明的老师与所相处的朋友。人的出生家庭是不可能选择的，也就是说父母是不可以选择的，而老师与朋友是可以选择的。为了小孩教育，挑选良师益友非常关键，孟子的母亲为了儿子的教育，有“孟母三迁”❶的故事。

❶西汉·刘向《列女传·卷一·母仪》：“孟子生有淑质，幼被慈母三迁之教。”又言：昔孟子少时，父早丧，母仉氏守节。居住之所近于墓，孟子学为丧葬，躄踊痛哭之事。母曰：“此非所以处子也。”乃去，遂迁居市旁，孟子又嬉为贾人炫卖之事，母曰：“此又非所以处子也。”舍市，近于屠，学为买卖屠杀之事。母又曰：“是亦非所以处子矣。”继而迁于学宫之旁。每月朔望，官员入文庙，行礼跪拜，揖让进退，孟子见了，一一习记。孟母曰：“此真可以处子也。”遂居于此。

10. 天下，势而已矣。势，轻重也。极重不可反。识其重而亟反之，可也。反之，力也。识不早，力不易也。力而不竞，天也；不识不力，人也。天乎？人也，何尤！

一滴水下来，没有什么了不起，很多水从高处汇集，就成为“势”，于是水到渠成。地震、山洪，都是能量积蓄到一定程度后的暴发。凡事到了严重成灾之际，就很难挽救。反之，在出现苗头之初，就比较容易解决。做人要保持头脑清醒与眼光敏锐，对周边事物留心观察，不管好事、坏事，一旦发现苗头，就要心中有数。有利就抓住机会，不利则及早防范。遇到实在不能抗拒的，则尽早回避或逃离。即使是无法抗拒的灭顶之灾，好比地震、海啸等，早做准备也不是坏事，至少不会惊惶失措。

柬埔寨吴哥有一座“塔布伦”寺，里面有多幢800多年前建造的石头结构的庙宇，被一棵又一棵大树的根、茎包缠着，这些大树也有好几百年了，树根将石头房子挤压，房子渐渐倒塌。当初这些庙宇都是十分宏伟的建筑，后来战乱，人们都离开此地，庙宇无人管理，鸟儿将种子掉在房子石头的缝隙中，发芽、渐渐长出小树，经过上百年，树的根茎深入房基，最终将房子挤垮。当初的小树很容易铲除，如今成了参天大树，就不好办，锯掉树，房子立马塌掉，不除掉树，再过几十年，房子就被大树完全挤垮。这就是“势”。

11. 君子以道充为贵，身安为富，故常泰无不足。而铢视轩冕，尘视金玉，其重无加焉尔。

有德行的人以自身人格品质最为尊贵，以生活平静、心态安宁为内心的“财富”，每天保持安静平和的心态，满足于简单的生活，对金钱与官职都不感兴趣，那就没有什么苦恼了。通过努力，谋求一定的经济与物质利益，保持温饱水平的生活是必要的，这“一定的”是多少呢？它不可能是一个具体的数字，大概是普通百姓的中等水平。追求财富与地位的过程往往是残酷的，尤其是处在巨大利益的斗争中，双方往往是不择手段的。利益竞争会使良知淹没，使人性变得虚伪、阴险、狠毒。人生过了50岁，是孔子所说的知天命阶段，肉体生命渐渐走下坡路，此后身体的健康最重要，只要能温饱过日子，就不应该再去拼命，争夺名利。把空余的时间花在学习文化、追求精神方面，如此，即“道充为贵，身安为富”。

（十一）张载语录

张载，是宋明理学史上不可绕开的人物。他的大多数作品都亡佚了，庆幸的是《正蒙》一书作为他最重要的作品却被保存了下来。《正蒙》成书于北宋熙宁九年（1076年）。《蒙》是《周易》的一个卦名，该卦彖辞中有“蒙以养正”语。蒙，即蒙昧未明；正，即订正。意即从蒙童起就应加以培养。张载说：“养其蒙使正者、圣人之功也。”书名由此而来。《正蒙》一书为其晚年定论之作，彰显了他的理论全貌，最著名的是末尾的一章

《西铭》❶。

张载的哲学观点表现为四部分：天地一体，天人合一；仁民爱物，民胞物与。表现在行为上：存心养性，穷神尽孝；贫富安然，存顺没宁。

以下介绍张载的部分学说。

1. 乾称父，坤称母。

乾是天，象征人类的父亲；坤是地，象征人类的母亲。

2. 尊高年，所以长其长；慈孤弱，所以幼吾幼。

尊敬年老的人以及年长者，使全社会都懂礼节，有秩序；有慈爱之心，对孤苦体弱的人，幼儿少年都应该关怀爱护。

3. 富贵福泽，将厚吾之生也；贫贱忧戚，庸玉女于成也。

如果家中有财产，上辈留下富贵福泽，那将使我们生活优厚，

---

❶《西铭》是《正蒙》中的最后一篇，共253字。全文如下：乾称父，坤称母。予兹藐焉，乃混然中处。故天地之塞，吾其体；天地之帅，吾其气。民吾同胞，物吾与也。大君者，吾父母之宗子；其大臣，宗子之家相也。尊高年，所以长其长；慈孤弱，所以幼吾幼。圣其合德，贤其秀也。凡天下疲癃残疾、茕独鳏寡，皆吾兄弟之颠连无告者也。于时保之，子之翼也；乐且不忧，纯乎孝者也。违曰悖德，害仁曰贼；济恶者不才，其践形，唯肖者也。知化则善述其事，穷神则继其志。不愧屋漏为无忝，存心养性为匪懈。恶止酒，崇伯子之顾养；育英才，颖封人之锡类。不弛劳而底豫，舜其功也；无所逃而待烹，申生之恭也。体其受而归全者，参乎；勇于从而顺令者，伯奇也。富贵福泽，将厚吾之生也；贫贱忧戚，庸玉女于成也。存，吾顺事；没，吾宁也。

当然是幸福的；如果父辈比较贫穷，地位比较下贱，此时生活显然艰苦，但也有好处，那就是艰难生活能够磨练人的意志，培养人的生存能力与智慧。

4. 存，吾顺事；没，吾宁也。

人在生活中，必须顺自然规律做事；如果死亡降临，内心也不要恐怖，人生总有一死，应该以宁静的心态接受之。

5. 为天地立心，为生民立命，为往圣继绝学，为万世开太平。

天地间生存着无数生命。但是，包括天地在内，连同一切生命都没有思想，唯独人类有思想。思想就是“心”，古人云“心之官则思”。我们每一个人，都用心去思考“天地”间发生的一切与自己有关的问题。所以，人是为天地“立心”。由于我们用心去思考问题、解决问题，才使人类生活质量渐渐变好。个人生活变好了，还应该为周边的人去思考、去用心，尽可能为他们的生活美好提供帮助。为全人类谋福祉是所有伟人的愿望，我们应该继承下来，继续努力，为谋求全人类的永久和平做出贡献。

6. 于无疑处有疑，方是进矣。

读书学习，必须带怀疑眼光，书上说得好，就吸收；说得不妥，就要怀疑，然后思辨再三。这样的读书方法才是正确的。

7. 人之刚柔缓急，有才与不才，气之偏也。

人在出生后，先天遗传性格方面各有差异，有刚烈的、有柔弱的；有内向的、有外向的；有性子急的、有慢性子的。有的人天性聪明，才华出众；有的人则比较迟钝、厚道。这些都是个人的生命之气偏颇关系所造成的。通过后天不断的学习，并努力改造自己的不足，最终可以成为出色的人。

8. 拂去旧日所为，使动作皆礼，则气质全好。

在生活中应该注意自己的言行，一发现自己的不足，就必须迅速改正。不断努力，使自己的所有行为都合乎礼节，这样下去，个人的气质就渐渐达到完美。

9. 匹夫不可夺志也，唯患者不能坚勇。

做人立志是根本，遇到天大的困难，也不可以丧失意志。自我的肯定是生命的主心骨，即使可能马上死去或遇到巨大灾难，也勇敢面对，坚定不移地去斗争，能够解难自然高兴，即使死亡也无怨无悔。

10. 立志不可太小，志小则易足，易足则无由进。

人生的志向不可太小，那样很容易满足，满足了就会懒散，不再努力。当然，励志也必须脚踏实地的，否则成了大话、空话，那样就比“志小”更坏。

11. 今人为学，如登山麓，方其迤俪之时，莫不阔步大走，及到峭岭之处便止，须是要刚决果敢以进。

现在的人做学问好比登山坡，走在平缓的地段时，阔步前行、高歌猛进。当走完平坦路段，遇到峻峭险岭，一般人望而却步，而只有意志坚强、行为果断的人才能勇敢向前，继续攀登险峰。

12. **教者如洪钟，洪钟未尝有声，由叩乃有声。**

当老师的像铜钟，无人撞钟时悄然安静；有人来撞击，才发出声音。轻撞则发音小，重撞则音量大，言下之意是要根据学生的求学积极性施教，因势利导，老师不可主动求学生，更不可勉强要学生学习。

13. **以爱己之心爱人，则尽仁。**

人最爱的是自己，凡事都从自己的利害角度去考虑，这是动物的本能，一般人也不例外。如果能够做到以爱己之心去爱其他的人，那样就是圣人。

（十二）朱熹语录

朱熹一生勤奋学习与写作，传世的著作❶达2000多万字。北宋出现的新儒家思想学说就是依靠他的精心整理才成体系的。朱熹是

❶朱熹的著作主要有，《周易本义》《启蒙》《蓍卦考误》《诗集传》《大学中庸章句》《四书或问》《论语集注》《孟子集注》《太极图说解》《通书解》《西铭解》《楚辞集注辨正》《韩文考异》《参同契考异》《中庸辑略》《孝经刊误》《小学书》《通鉴纲目》《宋名臣言行录》《家礼》《近思录》《河南程氏遗书》《伊洛渊源录》等。《文集》一百卷，《续集》十一卷，《别集》十卷。

继孔子之后最了不起的思想家、教育家。

下面介绍朱熹的部分语录。

1. 勿谓今日不学而有来日，勿谓今年不学而有来年。日月逝矣，岁不我延。

学习要每天勤奋，不可浪费一分钟。不要认为日子过不完，“光阴如箭”，人生转眼就成老人，少年学习文化、知识、技能是为了成年谋生，获得良好的财富与地位。即使老年人，也应该珍惜每一天的时间，学习无止境，通过学习，使自己的生命质量不断提升，做一个睿智的老人。

2. 读书之法，在循序而渐进，熟读而精思。

读书不能快，要读懂，并且要对读过的内容进行思考，思考还必须与自己的生命联系起来，通过读书能够提升自己的内涵与学养。读书只是为了自己，读书过程本身就是一种享受。在快乐中读书，然后联系生活、社会、历史、人心等，小到感情上一点点忧愁或快乐，大到宇宙、自然、山川、国家。同时还要注意与个人生活实际联系，不可钻“牛角尖”，也不可教条主义，成了书呆子。

3. 问渠那得清如许，为有源头活水来。

山间流出的水为何如此清洌，只是由于源头长，一路不断增加流量。做学问也一样，必须不断地读书，从书中得到新知识，通过思考变成自己心中的知识。人的一生应该是不断学习的过程，只有如此，思想才渐渐深刻，并且不僵化。

4. 读书，始读，未知有疑；其次，则渐渐有疑；中则节节是疑。过了这一番，疑渐渐释，以至融会贯通，都无所疑，方始是学。

带着疑问去读书，不可以对书中所有的内容都认为是真理，最好的书本也是有错误的。当然，我们选择的书肯定是认为好书才会拿来读，在阅读过程中遇到疑问处，就应该停下，思考是否有错误，错在哪里。一本书读完，对其中好处要接受，对不足处要知晓，对一时自己解决不了的疑点就搁置，以后有机会再解决。如此，读书的收益就大。

5. 一粥一饭，当思来之不易。半丝半缕，恒念物力维艰。

生活要俭朴，只要能够吃饱、穿暖就可以了，不要在吃穿方面有过度要求。要知道天下有很多穷人生活艰难，连起码的生存条件都不能保障。真读书的人，都是生活俭朴的人，都是懂得人间苦难的人。

6. 与肩挑贸易，勿占便宜。见贫苦亲邻，须多温恤。

与穷苦的劳动者相处，切莫占他们的便宜，要知道他们生存是很艰难的。遇到贫穷的亲戚、邻居，应该多给他们体贴、帮助。做人应该有情义，体谅他人的苦难，有能力时尽量帮助有困难的人。

7. **居家戒争讼，讼则终凶。处世戒多言，言多必失。**

平时生活中遇到委屈，与周边的人产生矛盾，尽量心平气和地去解决，吃亏能忍则忍，不能忍受，尽量将大事化小、小事化了。最好不要上法庭、打官司，到打官司时结果都是有后遗症的。生活中不要有多余的话，言多必失。尽量少说他人的不是，即使是最要好的人，也应该“点到为止”。说好话也不可以过多，否则容易虚伪。

8. **施惠勿念，受恩莫忘。**

为他人做了好事，切莫记在心中，如母鸡生蛋，产后就忘；反之，得到他人的帮助，则应该永远不要忘记，滴水之恩，涌泉相报。

9. **凡事当留余地，得意不宜再往。**

做任何事情，都应该留有余地。即使是好事，也只有到八成为止，九成就危险，十成必败无疑。有了成绩、春风得意之时，一定要低调，不可张扬。

10. **善欲人见，不是真善。恶恐人知，便是大恶。**

做好事希望让他人知道，就不是真心做好人。做了坏事，就应该主动认错，如掩盖伪装，生怕别人知道，以后就有可能会做更加恶劣的事情。

11. **日省其身，有则改之，无则加勉。**

每天对自己的言行进行反省，发现有错误的地方，就应该检讨改正；如果没有做错事、说错话，也不能得意，明天做得更加完美。

12. 人之作孽，莫甚于口；言语尖刻，必为人忌。

说话必须注意“口德”，对他人的不足，甚至是恶行，也应该用善意的言语简单提及，切忌啰嗦。说话尖锐，不是好现象。如用刻薄言词，那就会被记恨。

13. 嘉赏未尝喜，抑挫未尝惧。

受到赏赐，切莫不要太高兴；受到打击或挫折，不要过于烦恼、害怕、伤心，在挫折中奋起，挫折能使人格得到磨练，使坏事变成好事。

14. 虚心顺理，学者当守此四字。

不可高估自己，虚心听取他人意见；做事按照自然规律，不要意气用事。只有“虚心顺理”才能做出真学问。

（十三）王阳明语录

王阳明是明代最著名的儒学大师，其传世著作不多，主要是《传习录》。书中提出“心外无物”“致良知”“知行合一”三大哲学观点，归结为“心学”。心学最初由孟子提出，经南宋陆久渊的发展，最终由王阳明集大成，所以也称“陆王心学”。它与朱熹的理学相对，天理与人心，各有重点。心学提倡个人内心的觉悟，

提倡人的主观能动性。心学在日本明治维新中产生非常广泛而深刻的影响，蒋介石在日本求学时习得“阳明学”，此后终生以王阳明为榜样。

1. 心即理也。天下又有心外之事，心外之理乎？

心就是天理。世界上一切事情最终都是以人心来决定的，发生再大的事，你的心若没有感觉，或不去关注，那么此事对你而言也就无所谓了，就像没有一样。所以，天下没有心外之事，也没有心外之理。

2. 义理无定在，无穷尽。

每一件事情都有一个：发生、经过、终结。事后，从回顾看的确有一条明确的轨迹，对历史描述时就应该实事求是，尽量做到不可多，也不可少。但对事情的意义、道理的阐述就不一样了，可从一观点延伸到很远，也可以派生出另外一个观点，如果时间允许的话，可以无穷无尽地展开。故说“理”应该扼要，否则变成空话，浪费时间。

3. 圣如尧舜。然尧舜之上，善无尽。恶如桀纣。然桀纣之下，恶无尽。

人间有善恶，说到圣人都用尧舜作标准，其实在尧舜之上，好榜样还多得很。说到恶，就拿夏桀、商纣作典型。其实历史上比桀、纣更坏的人还有很多。人们对于帝王的领导作用是内心承认的，凡是群体，总有一主宰，也只能是一个。主宰的行为影响特别大，故后世都以尧舜为圣人标杆，桀纣作为罪恶的典型。

4. 徒知养静，而不用克己功夫也。如此临事便要倾倒。人须在事上磨，方立得住，方能静亦定，动亦定。

修身功夫在于养静，但不是在静中琢磨、克服私欲与愚昧，而是僵死一般的静，那么以后在生活中遇到大难时便崩溃。人必须在实践中磨炼，越有困难越向前，才是最好的修养功夫。不断与身边的困难去斗争，就能积累经验，成为生活中的强者。平安无事时，要多读书学习；碰到大事，心中仍然安宁，冷静地设法解决。

5. 分下学上达为二也。夫目可得见，耳可得闻，口可得言，心可得思者，皆下学也。目不可得见，耳不可得闻，口不可得言，心不可得思者，上达也。

做学问分上下两个层次，“下学”与“上达”。凡是实物实事，眼能见到、耳能听到、说得出、摸得到的都是下层次的学问；而深藏背后的道理是上层次学问。比如树苗下土、人工栽培、灌溉等就是下学。至于树苗经过阳光照射，产生光合作用，一年以后，树干粗壮、条达畅茂，其中的生长原理乃是上达。所以，可操作的事情都是下学，上达只有在下学里通过深刻思考、分析才能获得。凡书上所说，虽极精微，如果没有经过自己的思考，也都是下学。学者只能从“下学”里用功、消化，才能上达。没有必要专门找上达的学问。

6. 博学，审问，慎思，明辨，笃行者，皆所以为唯精而求唯一也。他如博文者即约礼之功。

多多读书，常设疑问，思维慎密，细细辨证，切实行动。此五者都应该精益求精，才能做出真正的学问。知识渊博之后还必须用最简单、准确的语言表达出来，如此，办事效率才高。

7. 知者行之始。行者知之成。圣学只一个功夫。知行不可分作两事。

知识与行动是不可分离的，学习知识都要用于实际，实际生活中处处以知识来引导。知识脱离实际是书呆子，没有知识容易做无效功。学者必须做到知行合一。

8. 为学须有本原，须从本原上用力。渐渐盈科而进。

做学问必须从人生意义上着手，学习任何东西，都要为提高自己的生活质量服务，生活质量的核心是保持良知，然后才是具体知识的学习，通过学习成为品格高尚、能力全面的人。

9. 省察是有事时存养，存养是无事时省察。

思考与观察是修养的重要手段。有事发生应该先细致观察、分析思考，然后设法解决问题，通过此过程经验，也就增加了本人的修养。无事时静心内省，将自己近日言行检讨，存善改错。

10. 精神，道德，言动，大率收为主。发散是不得已。天地人物皆然。

修养的提高过程就是渐渐收敛自己的精神、道德、言行，学会低调做人。中年之后，肉体生命进入退化阶段，更加要减少对外竞争的活动，渐渐向内心收敛，同时向道德高峰攀登，即“向内向上”修身养性。对外，除非不得已，一般不出言、不行动。天地如此伟大，却在绝大部分时间中宁静无声。人也如此，以静默为好。

11. **无事时固是独知。有事时亦是独知。人若不知于此独知之地用力，只在人所共知处用功，便是作伪。**

独知，就是内心明白，有主见。无事时轻松自在，内心统一、宁静、愉悦；遇到麻烦时亦应先让心平静下来，然后设法解决麻烦，此便是“独知”。平时应不断培养“独知”力，不可人云亦云，更不可向有权有势者献媚、奉承，那样就成了虚伪之人。

（十四）曾国藩语录

曾国藩❶是镇压“太平天国”的大功臣，是湘军统帅，他更是一位儒学大师，学术造诣极深。他说：读书要有“旧雨三年精化碧，孤灯五夜眼常青”的精神。写字或阳刚之美，或阴柔之美。文章写作，需在气势上下功夫，“气能挟理以行，而后虽言理而不灰”。要注意详略得当，详人所略，略人所详，而“知位置者先后，剪裁之繁简”，为文贵在自辟蹊径，“文章之道，以气象

❶曾国藩（1811—1872年）号涤生，湖南湘乡人，清朝后期著名理学家。曾国藩组织“湘军”，是平息太平天国战乱的第一功臣。官至两江总督。其一生著述颇多，以《家书》流传最广、影响最大。

光明俊伟为最难而可贵”。“清韵不匮，声调铿锵，乃文章第一妙境”。

1. 鹰立如睡，虎行似病，内挺内坚，才华不呈。

鹰立在树上，闭上眼睛，像睡觉；虎平时行走，慢慢悠悠，像生了病。而它们抓捕食物时的凶猛迅速是惊人的。凡是真有道德才华的人，都重视个人修养，做到慎独、心泰、主敬、求仁、思诚。

2. 刚字立身之本，有嗜欲者不能刚。男儿自立必须有倔强之气。

刚强，是男子本色，但不可外露，而是内心刚强，遇到任何困难压不垮。能刚强，首先是克服私心、私欲，只想到利益的人是刚强不起来的。男子要承担家庭、社会的重任，必须能自立、自信、自强，而内心刚强是根本。

3. 事亲以得欢心、养生以少恼怒、立身以不妄语、居家以不晚起为本。

孝敬父母最要紧是让父母快乐，不可让其生气；养生最要紧是不烦恼、不愤怒；做人不可以说不负责任的话；平日生活应该早起床，一天之计在于晨。

4. “打脱牙，和血一起吞”，有苦从不出言，徐图自强。一味浑厚，绝不发露。胸襟广大，直从平淡两字用功。

做人坚强，除对痛苦与灾难的忍受、抗争之外，还应该不吭声，不吐一个“苦”字。对自己严格要求，改正已知的不良习惯，对困难毫不畏惧，平淡中见功夫。

5. **取人为善，与人为善；乐以终身，忧以终身。天下断无易处之境遇，人间那有空闲的时光。**

尽量吸取他人的优点，对他人友好善意。既要乐观对待人生，又应有忧患意识，人生道路不可能一帆风顺，而是苦乐相当的。所以，不能浪费时间、荒废光阴。

6. **故世不患无才，患用才者不能器使而选用也。**

每一个人都有他的长处，也都有他的不足，天下不怕没有人才，就怕领导者不懂得下属的长处与缺陷，因而易犯用人不当的错误。

7. **天下无现成之人才，亦无生知之卓识，大抵皆由强勉磨炼而出也。**

人才都是在艰难中磨炼出来的，即使天赋好的人，如果没有经过实际困难的考验，也只是纸上谈兵，遇到大难立即溃败。

8. **勤敬为居官第一要义。**

勤奋、敬业是做人的根本，懒惰的人是最没有用的，最终连生存都困难。普通人尚且如此要求，对当官人而言就更不在话下。

9. **兵者，阴事也，哀戚之意，如临亲丧。**

打仗的事，是残忍的、不得已而为之的事，必须心中感到悲切沉重。战争必然要大量死人，作为指挥官既需要坚定、机智、果断，又需要慈悲，这是很难处理的一对矛盾。有时候你慈悲正好上了敌人的当，结果被敌人残杀。

10. 攻敌则喻义夺其心、谕威夺其气、先声夺人、挫敌锐气。

战争除强大军事实力之外，用正义与智慧使敌人丧失意志也是很重要的。曾国藩说：攻打前用正面舆论宣传，使敌军心大乱；张扬我军声势先声夺人，用各种手段挫伤对方锐气，最后开战，战胜的把握就大得多。

11. 君子应能理财，财不足事难成。

人在世上，生存、做事，没有必要的金钱基础是要失败的。所以，君子也应喻于利，知道经济的重要性。但取财须有道，不义之财不可得。金钱使用时，则应节俭。

12. 应宽者二：利、名也；应严者二：礼、义也。

对下属在名誉、利益方面，应该宽容，让他人多得，自己却不可多得一分一毫。在做事原则与礼节方面，对下属须从严要求，礼节是人与人的秩序，原则是做事底线，不严明，做事必失败。

13. 至于令人敬畏，全在自立自强，不在装腔作势。

做人要自立自强，实实在在做事，说话诚恳，丝毫没有装腔作势的样子，如此就能得到他人的敬重与信赖。

14. 古人绝大事业者，恒以精心敬慎出之。

历史上完成伟大事业的人，都是精心谋划、敬畏天命、谨慎行事的人，中途可能经历千难万险，屡败屡战，最终获得成功。

15. 日中则昃，月盈则亏；弓不拉满，势不使尽，晚场善收。

太阳过了中午就下山，月亮到十五后就慢慢亏欠。事物发展都有一个产生、成长、顶峰、衰退、消亡的规律。做事不能走极端，留有余地为好。在后半生要节制精力、元气，使生命归宿"寿终正寝"。

16. 养活一团春意思，撑起两根穷骨头。

注重平日修养，不管境遇如何艰难，在内心都须保持积极向上、百折不挠的意志；做人有骨气，凡事依靠自己努力，不求人。

（十五）王国维语录

王国维（1877—1927年），字静安，号观堂，浙江海宁人。1925年受聘担任清华大学国学研究院导师，教授古史新证、尚书、说文等，与梁启超、陈寅恪、赵元任、李济合称为"五星聚奎"于清华。1927年6月2日上午，一人来到颐和园，自沉于昆明湖，时年50岁。他是近代中国文化学术界的"巨人"，被梁启超誉为"中国近三百年来学术的结束人，最近八十年来学术的开创者"。他的传

世名著《人间词话》❶虽然讲的是文学，是“词”方面的审美理论，但对太极拳演练的“审美”方面而言，具有深刻的意义。

1. **文学之事，其内足以摅己，外足以感人者，意与境两而已，上焉者意与境浑，其次或以意胜，或以境胜，缺其一，不足以言文学。**

太极拳套路演练受到许多人喜爱，就是有意境的关系，一个人在练习太极拳，短则10分钟，长则半小时，专心致志地练习着，周边也无人观赏。年复一年地练习，除了健身以外，还有一个重要原因，就是练习时内心的“意境”得到纯粹化，通过长期不断的练习，提升了个人自立、自强的心志。

2. **境界合乎自然，邻于理想，有造境，有写意，忘掉自己，到达心灵的高度自由。黄宗羲❷说：“萃天地之清气，以月露风云花鸟为其性情。”**

随着练习太极拳的进程，心灵也进入一个美好的理想境界，达到“天人合一”。练习者往往年纪大，身体四肢的柔软性已经很差，动作姿势也不美，但这并不影响老年演练者的认真度。因为练

❶在《人间词话》中，王国维摆脱了抒写离情别绪、宠辱得失的俗套，重在展现个体的人在苍茫宇宙中的悲剧命运，是对生命与灵魂的考问。他以沉重之心情，不得已之笔墨，透露宇宙悠悠、人生飘忽、悲欢无据之意境、无可避免之悲剧。言：“人生只似风前絮，欢也零星，悲也零星，都作连江点点萍。”他的词表达的就是一种哲学境界，而超越了伦理的境界。

❷黄宗羲（1610—1695年），浙江省余姚人，明末清初著名的大儒，在哲学与哲学史方面有很深的造诣。

拳不是为了供他人观赏，而是在练习过程中心灵能获得高度的自由，并吸取到“萃天地之清气”。

3. 须入乎其内，又得出乎其外，入内才能表现精致，有生气；出外能观之，能高致。

练习太极拳者动作技术水平是次要的，而意境的深入是最要紧的。深入练习太极拳时将动作细化，提高演练水平。进得去还必须出得来，用于练拳时间不可太多，一天练习2个小时就可以，即使是太极拳专家，也应该把时间分配妥当，多用一些时间去研究、分析理论上的问题，尤其是太极哲学方面。

4. “昨日西风凋碧树，独上高楼，望尽天涯路”❶“衣带渐宽终不悔，为伊消得人憔悴”❷“众里寻他千百度，蓦然回首，那人却在灯火阑珊处”❸

王国维在《人间词话》里谈到了治学经验，他说：“古今之成

❶作者为晏殊（991—1055年），字同叔，北宋、江西抚州人。其《蝶恋花》中言：“槛菊愁烟兰泣露，罗幕轻寒，燕子双飞去。明月不谙离恨苦，斜光到晓穿朱户。昨夜西风凋碧树，独上高楼，望尽天涯路，欲寄彩笺兼尺业。山长水阔知何处。”

❷作者为柳永（987—1053年），北宋、福建崇安人。《蝶恋花》：“伫倚危楼风细细，生极春愁，黯黯生天际，草色烟光残照里，无言谁会凭阑意。拟把疏狂图一醉，对酒当歌，强乐还无味。衣带渐宽终不悔，为伊消得人憔悴。”

❸作者为辛弃疾（1140—1207年），字幼安，南宋、济南人。《青玉案》：“东风夜放花千树，更吹落，星如雨。宝焉雕车香满路、风萧声动，玉壶光转，一夜鱼龙舞。蛾儿雪柳黄金缕，笑语盈盈暗香去。众里寻他千百度，蓦然回首，那人却在灯光阑珊处。”

大事业、大学问者，必经过三种境界：

第一种境界，“昨夜西风凋碧树。独上高楼，望尽天涯路”。原意是说，“我”上高楼眺望所见的是萧索的秋景，西风、黄叶，山静、水枯。王国维认为：做学问成大事业者，必然遇到无数困苦，首先要立下决心，有执着的追求。真心要学好太极拳的人也同样，要有决心，准备长期坚持学习才是。

第二种境界，“衣带渐宽终不悔，为伊消得人憔悴”。原词是表现作者对爱的艰辛和爱的无悔的内心表白。若把“伊”字理解为词人所追求的理想和毕生从事的事业，亦无不可。王国维则别具匠心，以此两句来比喻成要做大事业、大学问，不是轻而易举的，必定经过一番辛勤劳动，孜孜以求，直至“人瘦带宽”也不后悔。专心学习太极拳的人到了中级阶段也都有同样的经历。

第三种境界，“众里寻他千百度，蓦然回首，那人却在灯火阑珊处”。王国维以此句为最高境界。这虽不是辛弃疾的原意，但也可以引出做大学问、成大事业者在成功时的意境。达到第三种境界，必须有专注的精神，吃尽苦头、下足功夫，到最终会豁然贯通，到达胜利。太极拳学习要达到最高境界也必须走这条路。

一般人练习太极拳可以达到第二种境界，而向第三种境界进发，却不是那么简单。在太极拳教学、研究中持之以恒，遇到困难狠下功夫，不折不扣，才能取得不同于凡人的成功。

（十六）《心经》

佛教在东汉传入中国后到北宋，近一千年期间，取得巨大发展，特别在“心、性”方面，具有极高水平。新儒家思想吸收佛学关于心、性的部分内容，使儒家思想在“形而上学”上得到补偿，成为比较完整的哲学体系。佛学理论深刻、内容丰富、数量庞大。《摩诃般若波罗蜜多心经》早在东晋就传入中国，简称《心经》。全文只有260个字。

《心经》全文

观自在菩萨，行深般若波罗蜜多时，照见五蕴皆空，度一切苦厄。舍利子，色不异空，空不异色，色即是空，空即是色，受想行识，亦复如是。舍利子，是诸法空相，不生不灭，不垢不净，不增不减。是故空中无色，无受、想、行、识，无眼、耳、鼻、舌、身、意，无色、声、香、味、触、法，无眼界，乃至无意识界。无无明，亦无无明尽，乃至无老死，亦无老死尽。无苦集灭道，无智亦无得，以无所得故。菩提萨埵，依般若波罗蜜多故，心无挂碍，无挂碍故，无有恐怖，远离颠倒梦想，究竟涅槃。三世诸佛，依般若波罗蜜多故，得阿耨多罗三藐三菩提。故知般若波罗蜜多，是大神咒，是大明咒，是无上咒，是无等等咒，能除一切苦，真实不虚。故说般若波罗蜜多咒，即说咒曰：揭谛揭谛，波罗揭谛，波罗僧揭谛，菩提萨婆诃。

解说：

《心经》全称：摩诃般若波罗蜜多心经，略称心经。唐代，玄奘（602—664年）译，为‘般若皆空’之最简洁的经典，是“看透一切见如来，放下一切成如来”。

“摩诃”：无边无际的大，人的心量，宇宙是无穷大。在中国称：太极、太虚、道。“般若”为梵语音译，指智慧；“波罗”指彼岸，人想象中死后的天堂；“蜜多”，到达。“心经”，“心的路径”。

1. 观自在菩萨，行深般若波罗蜜多时，照见五蕴皆空，度一切苦厄。

观自在菩萨，就是观世音菩萨。般若，即智慧。波罗蜜多，彼岸到达。指人生的终极目标。五蕴，即色蕴、受蕴、想蕴、行蕴、识蕴，即尘世间所有物质与生命现象。其中，色蕴是指通过视觉、听觉、嗅觉、味觉、触觉所认识的物质形态。受蕴，是指由于和外界各种物质形态的接触，所产生的种种心理感受，如苦乐酸甜等。想蕴，指由于心理感受所产生的种种性情反应，如善恶憎爱等。行蕴，由种种心理感受产生反应后所采取的行为方式。识蕴，人的意念或意识活动。

全句大意：观世音菩萨在深入思考人生终极目标的问题后，看清了生命中一切活动的真实意义，从而解脱了一切痛苦与厄运。

2. 舍利子，色不异空，空不异色，色即是空，空即是色，受想行识，亦复如是。

舍利，指德行高尚的僧人去世火化后遗留的灵骨。舍利子，佛的徒弟。

色不异空，空不异色。俗世的人间生活需要生命永恒意义的指引，生命永恒意义也需要通过俗世的人间生活去实现。

色即是空，空即是色。俗世的生活中有生命真义的存在，生命的真义也体现在俗世的生活中。

受想行识，亦复如是。这个道理不仅适用于色蕴，也同样适用于受蕴、想蕴、行蕴和识蕴等人间所有的物质与生命现象。

3. 舍利子，是诸法空相，不生不灭，不垢不净，不增不减。

舍利子啊，真正的自然法则是永恒的，既不会消亡或更新，也不会由于人的好恶而有任何改变，也不会增加和减少这些法则中的任何条款。

4. 是故空中无色，无受、想、行、识；无眼、耳、鼻、舌、身、意；无色、声、香、味、触、法；无眼界，乃至无意识界。

佛学中有十八界之说。六根：眼、耳、鼻、舌、身、意。六尘：色、声、香、味、触、法。六识：眼识、耳识、鼻识、舌识、身识、意识。三者合，称“十八界”。在永恒的彼岸世界中只有“空无”，没有人间所谓的六根、六尘、六识。

5. 无无明，亦无无明尽，乃至无老死，亦无老死尽。无苦集灭道，无智亦无得，以无所得故。

佛学中有十二因果之说：无明缘行，行缘识、识缘名色、名色缘六入、六入缘触、触缘受，受缘爱、爱缘取、取缘有，有缘生、生缘老死。此十二者组成过去因、现在果，现在因、未来果：

无明缘行，形成过去因。

行缘识、识缘名色、名色缘六入、六入缘触、触缘受，形成现在果。

受缘爱、爱缘取、取缘有，形成现在因。

有缘生、生缘老死，形成未来果。

四谛：苦集灭道。苦，身心不安。集，心与境交集，产生痛苦、烦恼、恐怖、不安。灭，消灭苦痛，归于寂灭、清静。道，得八正道，即正见、正思维、正语、正业、正命、正精进、正念、正定。得到涅槃之乐。

所以，生命的真义不会因为物质条件、个人感受、世间百态、我们的视野和意识等而有所不同，不会因为你是否愚昧以及是否考虑生老病死问题而有所差异，不会因为你是否正在遭遇或曾经遭遇过苦难的折磨而有所改变，也不会因为你是否聪明和拥有多少财富而产生变化。在现世使用的智慧及获得的利益，最终都会消失殆尽。有所得者，有也；无所得者，空也。

6. 菩提萨捶，依般若波罗蜜多故，心无挂碍，无挂碍故，无有恐怖，远离颠倒梦想，究竟涅槃。

成佛之后，根据到达彼岸的智慧，说明自然法则是真切可信的，我们应该心无挂碍，去追随人生的真理。因为心无挂碍，我们就不会畏惧任何困难，就会远离那些乱七八糟的妄想，最终让自己超脱尘世的烦恼，到达清净的彼岸。

7. 三世诸佛，依般若波罗蜜多故，得阿耨多罗三藐三菩提。

三世：过去、现在、未来。

阿耨多罗三藐三菩提：阿耨多罗，无上；三藐，正等；三菩提，正觉。

过去佛、现在佛、将来佛以及所有佛徒，根据到达彼岸的智慧，获得无上的正等正觉。

8. 故知般若波罗蜜多，是大神咒，是大明咒，是无上咒，是无等等咒，能除一切苦，真实不虚。

因此，到达彼岸的智慧是能够消弭生活烦恼的大神咒，是能够破除愚昧的大明咒，是能够带来光明前景的无上咒，是无可替代一切神咒的，能消除人间一切痛苦，是真实可靠的，绝无虚假。

9. 故说般若波罗蜜多咒，即说咒曰：揭谛揭谛，波罗揭谛，波罗僧揭谛，菩提萨婆诃。

用梵文来解说《心经》咒语。汉语的意思是：去啊！去啊！到彼岸去啊！大众都去啊！去修行学习，从修行中获得“无上正等正觉”吧！

（十七）《十牛图》

十牛图是禅宗修行的心境与思想路径，其本源来自《六祖坛经》的见性法门。由于普天之下，芸芸众生大都耽于迷执，忘失本性，终致不认得“自己”。佛学修行的最重要目标，就是去发现自己的“本性”。证得自性之本便是开悟，即可成佛。在宋代，有人依照这种思想，用图画将寻觅本性的过程循序渐进展开，于是便绘制了《十牛图》。这十图在宋代以后传播开来，中日两国禅宗领域颇为盛行，迄今未衰。历代禅师们常用十牛图教化弟子。《十牛图》有多种版本，比较著名的有宋·廓庵师远的《十牛图颂》，明·胡文焕的《十牛图颂》，清·梦庵超格的《牧牛图颂》。本书取廓庵师远的为例。

《十牛图》的内容对太极拳的修炼很有启发。

1. 寻牛

图中画着一个人，他手里拿着一条牛绳，奔走在郊外，寻找他的牛，但尚不知牛在何处。比喻一个人发觉自己被困于烦恼、失落、虚妄之中，迷失了自我，即自己本来的面目，也就是自性之“牛”。意为对见性开悟的事，已经有了追求向往之心，于是开始用功修行。

寻牛

颂文：

忙忙拨草去追寻，
水阔山遥路更深。
力尽神疲无处觅，
但闻枫树晚蝉吟。

此图表示太极拳初学入门者的心情，每个人都是从自己对太极拳的认识或希求来学习的，如治病、健身、演练审美、探求太极拳的神秘性等。

2. 见迹

图中的人，渐渐发现了他的那条自性“牛”的足迹。从学佛角度看，就是通过读佛经、听教义，依经解义之后，确信自己的内心必有尚未发现的佛性存在，便从佛学修行中，感觉到自己有开悟见性的可能。

见迹

颂文：

水边林下迹偏多，
芳草离披见也么。
纵是深山更深处，
辽天鼻孔怎藏他。

太极拳初学阶段，在老师的教导下，从模仿、学习中逐渐得到一点太极拳的技术与知识，并产生进一步学习太极拳的兴趣。

3. 见牛

图中的人，循着牛的足迹方向走去，听到了牛的鸣声，也见到牛的半个身子在一棵大树后面。即依照正确的方法，经过知见修行，见到自性之“牛”，但尚未掌握开悟见性的技能。只要稍有干扰，这条清净无染的“心”之牛，又会被妄想、杂念的草丛及树林遮掩起来。

见牛

颂文：

黄鹂枝上一声声，
日暖风和岸柳青。
只此更无回避处，
森森头角画难成。

经过一段时间太极拳的学习，掌握了太极拳基本技术与套路动作，但对太极拳的全貌还是没有掌握。如受到干扰还有可能放弃太极拳的学习。

4. 得牛

图中的人，用手中的绳索牵住了牛，但是牛性还是很狂野，总是企图挣脱绳索，逃脱控制。因此，牧牛人必须加以鞭策、教训和调服。也就是说修行者虽然已经证悟了自性的存在，但由于烦恼、急躁，以及周边环境的诱惑依然存在，唯恐再度回复到未悟之前的渺茫之中，所以要努力精进。

得牛

颂文：

竭尽神通获得渠，
心强力壮卒难除。
有时才到高原上，
又入烟云深处居。

通过深入学习，渐渐掌握了太极拳的技术，如套路的演练艺术或推手技术。对于技术训练苦下功夫，为了参加比赛能获取一定的成绩。此时希望胜利的喜悦与担心失败的烦恼都同时存在。

5. 牧牛

图中的人，小心翼翼地拿着鞭子，握着牵牛绳索，牢牢控制着这头野性未服的牛。稍有疏忽，这牛仍会逃匿。说明一个凡人在开悟之后，也不可掉以轻心，不要过早高兴，须小心谨慎，继续不断地去做收摄妄心，净心学佛的功夫。否则，随时仍会有贪、嗔、痴等毛病复发。

牧牛

颂文：

鞭索时时不离身，
恐伊纵步入埃尘。
相将牧得纯和也，
羁锁无抑自逐人。

此图表示学习太极拳者在有形技术方面已经达到较高水平，经过老师的指导与自己苦练，使太极拳演练水平与推手技术不断提高和优化，通过比赛也证明已经超过普通人，但是还需要不间断地训练才能保持精进，稍有懈怠就会退步。

6. 骑牛归家

图中的人，骑在一头已经驯服的牛背上，将牛索轻轻地系在腰间，手握横笛，吹奏着悠闲的牧童歌曲。又经过一段时日，做完参禅调心功夫后，烦恼与妄想已经被修行者平息，内心不再有凡世妄念的干扰，呈现出一派纯和明朗的气象，心境也渐渐地开始纯净起来。

骑牛归家

颂文：

骑牛迤逦欲还家，
羌笛声声送晚霞。
一拍一歌无限意，
知音何必鼓唇牙。

此图表示太极拳从有形的技术开始向无形的理念转移，转移分三步骤：第一步须掌握套路演练；第二步掌握健身养生；第三步掌握推手技术。最终是“三者兼修、融合”。当太极拳的三项功夫融会贯通之后，进而还要探索太极的哲学知识，才有可能从有形技术向无形理念、智慧转移。

7. 忘牛存人

图中的人，此时已经回到自己的老家，忘却了他曾经骑过的牛，自在舒适地坐下来休息。修行者到了这个阶段，已经进入“住定”，显得无烦恼、无是非、无妄心，到达“憎爱不关心，长伸两脚卧”的程度。似乎没有物质世界的外境和心灵世界的内境的分别，也没有烦恼心和菩提心的执著，但是尚能清清楚楚地感觉到，有个主观的自我存在。

忘牛存人

颂文：

骑牛人已到家山，
牛也空兮人也闲。
红日三竿犹作梦，
鞭绳空顿草堂间。

对太极拳的有形技术全面掌握之后，达到内外合一，所有的练习与研究都将以培养“正气”为中心，内心显得安祥自在。此时，太极拳的各种有形技术也运用自如，处处呈现出“空、明”的景象。

8. 人牛俱忘

图中只画一个圆圈，圈中空无一物，牛不见了，牧牛的人也不见了。牛是自性，人体验到自性的修道心，即体验到自性的普遍存在，便消失了对于自性的感受，进入绝对的完全统一的心境，个人的主观意识也跟着消失。所以，既不见牛，也不见人，无宾无主，宾主浑然一体，只是一种充实、满足、究竟、彻底的混沌世界。

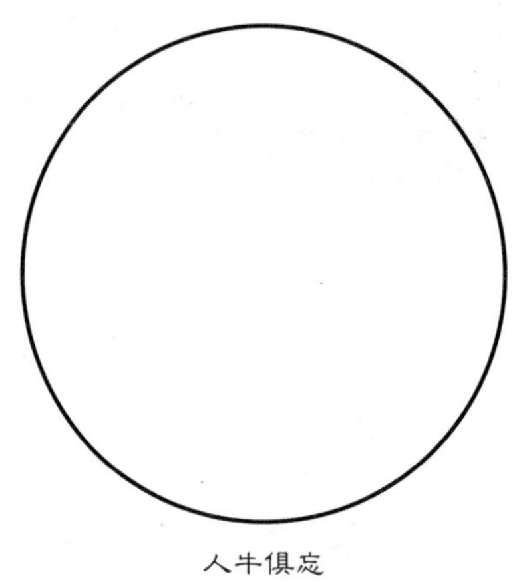

人牛俱忘

颂文：

鞭索人牛俱属空，
碧天寥廓信难通。
红炉焰上争容雪，
到此方能合祖宗。

从太极拳的练习与研究中，使自己身心和谐，对自己人生与周围的世界有了一个高度统一的认识，已经达到“天人合一”。

9. 返还本原

图中画着一尘不染的翠竹与黄梅、青山及绿水，表示从绝对统一的“定”境，返照现实的生活，心虽不动而智力湛然明澈，朗照一切，并且不为任一事物产生烦恼。春来百花烂漫，秋到千山红叶。月白风清，心如明镜，映照万物，而不变其清净的自性。一切万物，亦无非是本然清净的诸佛法身。

返本还原

颂文：

返本还原已费功，
争如直下若盲聋。
庵中不见庵前物，
水自茫茫花自红。

从太极拳的修炼中渐渐充实自己的无形世界，达到理想人生，将太极拳技术、理论的探究与大千世界自然景物的宏观存在联系起来，生命对有形的物质世界既不拒之于心外，也不纳之于心内。

10. 入境垂手

图中画一个洒脱自在、提着一只布袋的和尚，面对一个瘦弱贫苦的乞丐，和尚作布施，乞丐求布施。这是说明修行者成就了道业，并且得到解脱、自在之后，便会产生广度众生的大慈悲心，这是向上自求解脱之后的必然结果，不假意志，不循理想，不是为了什么使命，只是自然而然地从个人的修行生活之中，走向协助他人的行动中去。帮助他人的行为决不是为了荣誉，而是为救世化众，出自内心天真纯朴的情感而已。

入境垂手

颂文：

露胸跣足入境来，
抹上涂灰笑满腮。
不用神仙真秘诀，
直教枯木放花开。

年复一年，不断地太极拳修炼使自己身心健康、理智，并充满仁爱之心，进而帮助周围的人，共同谋求人世间的幸福。

以上十牛图，表现悟境的各个阶段及其现象。长期学习太极拳，其实也是对人生的一个“悟性”过程，此十图可供读者参考。

后　记

《宋史》第427卷“道学传”曰：自孔孟之后“千有余载，至宋中叶，周敦颐出于舂陵，乃得圣贤不传之学，作太极图说、通书，推阴阳五行之理，命于天而性于人者，了若指掌。”指出周敦颐是新儒家的开山鼻祖，“太极”是新儒家学说的核心概念。周敦颐后直到明代末年，太极哲学在1000多年中对中国的政治、民生产生非常深刻而广泛的影响。就是此因，于明代晚期中国武术才能够借太极哲学的东风，诞生出太极拳。

武术在当今，应数太极拳最受人们喜爱，其重要原因就是它的哲学思想。太极哲学对宇宙、道德、人心、人性等进行探究，对人的精神、生命深入思考。太极拳则是对人生哲理、终极关怀探究的实践。越是对人生感悟深刻的人越懂得太极哲理的价值，因此中老年人学习太极拳的特别多，不仅仅是国内，在欧美、日本等先进发达国家，太极拳也有很大的普及面。通过太极拳学习，使人获得身体健康，更重要的是学习到太极哲理。从中提升了思想境界、明白了人生的终极道理。因此，太极拳除了教技术外，还应该结合太极哲理。太极拳技术仅是手段、是“术”，必须“由术进道”，掌握太极哲理。只有通过哲理方面的学习，才能使人进入精神生活、信仰方面的实践历程，因而也是最有意义的。

在2000年，我萌发了对太极拳的技击与哲理探究的愿望。经过十七年的摸索，才完成这一拙作。在此过程中，本人学到许多文史哲方面的有关知识，同时也越来越感到自己的不足，倘若书中存在某些问题，望读者给予批评。

书中动作照相由本人演示，配练为邓小明同学，照相摄制为陈振洲同学，还有戴勇杰、高忠虎、汤中海、黄帮站、杨维胜等同学都为本书出了不少力，在此深表谢意。

袁镇澜　于温州大学

2017年4月20日

图书在版编目(CIP)数据

杨式太极拳技击与哲理 / 袁镇澜著. -北京：人民体育出版社，2017

ISBN 978-7-5009-5203-9

Ⅰ.①杨…　Ⅱ.①袁…　Ⅲ.①太极拳-基本知识

Ⅳ.①G852.11

中国版本图书馆 CIP 数据核字(2017)第 172113 号

*

人民体育出版社出版发行

三河兴达印务有限公司印刷

新　华　书　店　经　销

*

880×1230　32 开本　　9.25 印张　194 千字

2017 年 11 月第 1 版　　2017 年 11 月第 1 次印刷

印数：1—5,000 册

*

ISBN 978-7-5009-5203-9

定价：30.00 元

社址：北京市东城区体育馆路 8 号（天坛公园东门）

电话：67151482（发行部）　　邮编：100061

传真：67151483　　邮购：67118491

网址：www.sportspublish.cn